Correndo sul filo del rasoio

Correndo sul filo del rasoio

Discorsi sulla Spiritualità

di

Swami Ramakrishnananda Puri

Mata Amritanandamayi Center, San Ramon
California, Stati Uniti

Correndo sul filo del rasoio
Discorsi sulla Spiritualità di Swami Ramakrishnananda Puri

Pubblicato da:
Mata Amritanandamayi Center
P.O. Box 613
San Ramon, CA 94583
Stati Uniti

---------- *Racing Along The Razor's Edge (Italian)* --------

Copyright © 2004 Mata Amritanandamayi Mission Trust, Amritapuri, Kerala 690546, India

Tutti i diritti riservati. Ogni riproduzione, archiviazione, traduzione o diffusione, totale o parziale, della presente pubblicazione, con qualsiasi mezzo, con qualsiasi scopo e nei confronti di chiunque, è vietata senza il consenso scritto dell'editore.

Prima edizione a cura del MA Center: agosto 2016

In Italia: www.amma-italia.it

In India:
inform@amritapuri.org
www.amritapuri.org

Sarva śruti śiroratna
Virājita padāmbujah
Vedāntāmbuja sūryo yah
Tasmai srī gurave namah

I piedi di loto del Guru splendono come le gemme delle rivelazioni delle Scritture. Il Guru è il Sole che fa sbocciare il loto della saggezza del Vedanta. A quel Guru, mi prostro.

Guru Gita, Verso 68

*Questo libro è umilmente offerto
ai piedi di loto del mio amato Satguru,
Sri Mata Amritanandamayi Devi*

Indice

Prefazione   10

Sri Mata Amritanandamayi   13
Un'introduzione   13
Un breve profilo della Sua vita   14
L'ashram di Amritapuri   18
I tour mondiali   18
Il darshan di Amma   19

1. **La causa di ogni dolore**   21
   Il problema fondamentale   21
   Desideri   23
   Aspettative   24
   Tendenze negative   25
   Mancanza di consapevolezza sul mutare del mondo   27
   Cercare la felicità nei posti sbagliati   27
   Dare un valore errato alle cose   30
   La legge del karma   33
   La natura della sofferenza e del dolore   35
   Ego   37

2. **Le catene dei condizionamenti**   41
   Comprendere i condizionamenti   41
   Sviluppare condizionamenti positivi   43

3. **Spezzare le catene dei condizionamenti**   45
   Imparare dalle avversità   45
   Addomesticare l'elefante selvaggio   49
   Emozioni mutevoli, amore immutabile   52

4. **L'amore di Amma** 55
   Lo scopo della vita di Amma 55
   L'amore di Dio in un corpo umano 56
   Benevolenza 59
   La verità contrapposta all' amore 65
   Sensibilità sottile 68

5. **L'importanza di avere un Guru** 73
   Perché abbiamo bisogno di un Guru 73
   Il significato della parola Guru 75
   Una sorgente di conoscenza spirituale 76
   Un esempio d'amore disinteressato 78
   Una presenza che guarisce 80
   Un'espressione della compassione di Dio 81
   Un'opportunità di sperimentare Dio 85
   Un'occasione per conoscerci meglio 87
   Il valore del prasad 91
   L'onniscienza di Amma 93

6. **Risveglio e sviluppo del potenziale spirituale** 99
   Eleva te stesso mediante il tuo Sé 99
   La mente isolata 101
   La percezione è come chi percepisce 104
   L'amore altruistico di un Satguru 106
   L'importanza delle pratiche spirituali 111
   L'approccio al cinquanta per cento 112

7. **Preparazione alla meditazione** 117
   Aum shanti, shanti, shanti 117
   Calmare i disturbi interni 120
   Integrare il mondo interiore con quello esteriore 121
   Educare la mente a rimanere nel presente 123
   Attitudine e azione 124

8. **Il sentiero della devozione** — 127
    Quattro tipi di devoti — 127
    Le qualità del vero devoto — 129
    Tutto è volontà di Dio — 133

9. **Il sentiero dell'azione** — 135
    Comprendere e accettare con distacco — 135
    Esercitare la mente — 138
    Circolo vizioso — 141
    Trasformare il lavoro in adorazione — 142
    Giusta comprensione e giusta attitudine — 144
    Apprezzare Dio in ogni cosa — 148

10. **Il sentiero della conoscenza** — 153
    La natura della mente — 153
    Pratica e distacco — 155
    Forza spirituale — 157
    Tre modi di risveglio spirituale — 160
    Benefici del raggiungimento dello stato di yoga — 161

11. **L'adempimento del dovere** — 169
    Il dovere mantiene l'armonia — 169
    Il potere delle abitudini — 174
    Sette voti per una settimana — 177
    Dedicare le nostre azioni al Guru o a Dio — 181
    Il ruolo del Mahatma nel ristabilire l'armonia — 182
    L'arma di Amma — 183

12. **Il potere dell'amore** — 186
    L'amore dà soltanto — 186
    L'amore trasforma — 186
    Amma infrange una regola dell'ashram — 188
    Non la quantità ma la qualità — 190

13. **La rinuncia** — 193
    Il dono che Amma apprezza — 193
    Il vero spirito di rinuncia — 195
    Opportunità per mettere in pratica la rinuncia — 198
    Aspetti familiari della rinuncia — 199
    La grandezza del vero sacrificio — 201

14. **La grazia di Dio** — 204
    Il giusto sforzo arreca la grazia — 204
    Dall'egoismo all'altruismo — 207
    Maestri e Avatar — 210
    Un maestro è come la primavera — 213

15. **Purificare la mente** — 222
    Sacrificio, carità e austerità — 222
    Il valore della pazienza — 226
    L'adorazione dei piedi del Guru — 227
    La gratitudine — 229

16. **Lo spazzino del mondo** — 231
    Spazzare le nostre menti — 231
    Il Maestro prevede il futuro — 232
    La vita all'ashram — 238
    Un'opportunità benedetta — 242

Glossario — 245

Prefazione

uttiṣsthata jāgrata
prāpya varānnibodhata
ksuraya dhārā niśitā duratyayā
durgam pathastat kavayo vadanti

Alzati, svegliati, avvicina i Grandi Maestri e illuminati. Arduo è il sentiero, difficile quanto camminare sulla lama affilata di un rasoio, così dice il saggio.

– *Katha Upanishad*, Capitolo I, Canto 3, Verso 14

Questo verso tratto dalle Scritture induiste è un'esatta descrizione di ogni sentiero spirituale. Nonostante vi siano milioni di ricercatori in tutto il mondo, soltanto pochi hanno raggiunto la meta. Per una persona nella società moderna è molto difficile attraversare l'oceano dei piaceri sensoriali e dei desideri materiali. Tuffarsi a capofitto nella spiritualità dopo aver letto alcuni libri, è come un bambino che cerca di eseguire un intervento chirurgico su se stesso con un coltello affilato. Tuttavia, non c'è bisogno di scoraggiarsi, perché la crescita che acquisiamo lungo questo sentiero ha sempre valore, indipendentemente da quanto lontano andiamo.

Fortunatamente, la grazia di Dio si è incarnata sulla terra in una forma materna per farci superare le tenebre. Conosciuta tra i Suoi figli come Amma o Madre, Sri Mata Amritanandamayi Devi c'insegna come camminare sul filo del rasoio (il sentiero spirituale) senza ferirci o cadere. Con l'aiuto e l'amorevole guida di un tale compassionevole e supremo Maestro come Amma, possiamo persino correre lungo il sentiero spirituale.

Prefazione

In questo volume sono indicate le basi della delicata arte di equilibrare se stessi tra spiritualità e vita nel mondo. Se questo libro può suscitare l'interesse di un avanzato ricercatore in un monastero, o di qualcuno totalmente disinteressato alla spiritualità, dipende dall'individuo. Questo libro è diretto soprattutto a tutti coloro che vogliono godere della pace interiore e della gioia pur vivendo pienamente nella società.

Possiate apprezzare questo libro ed essere benedetti con un intenso desiderio per la presenza interiore della Madre eterna.

– Swami Ramakrishnananda Puri
Amritapuri, 27/9/2003

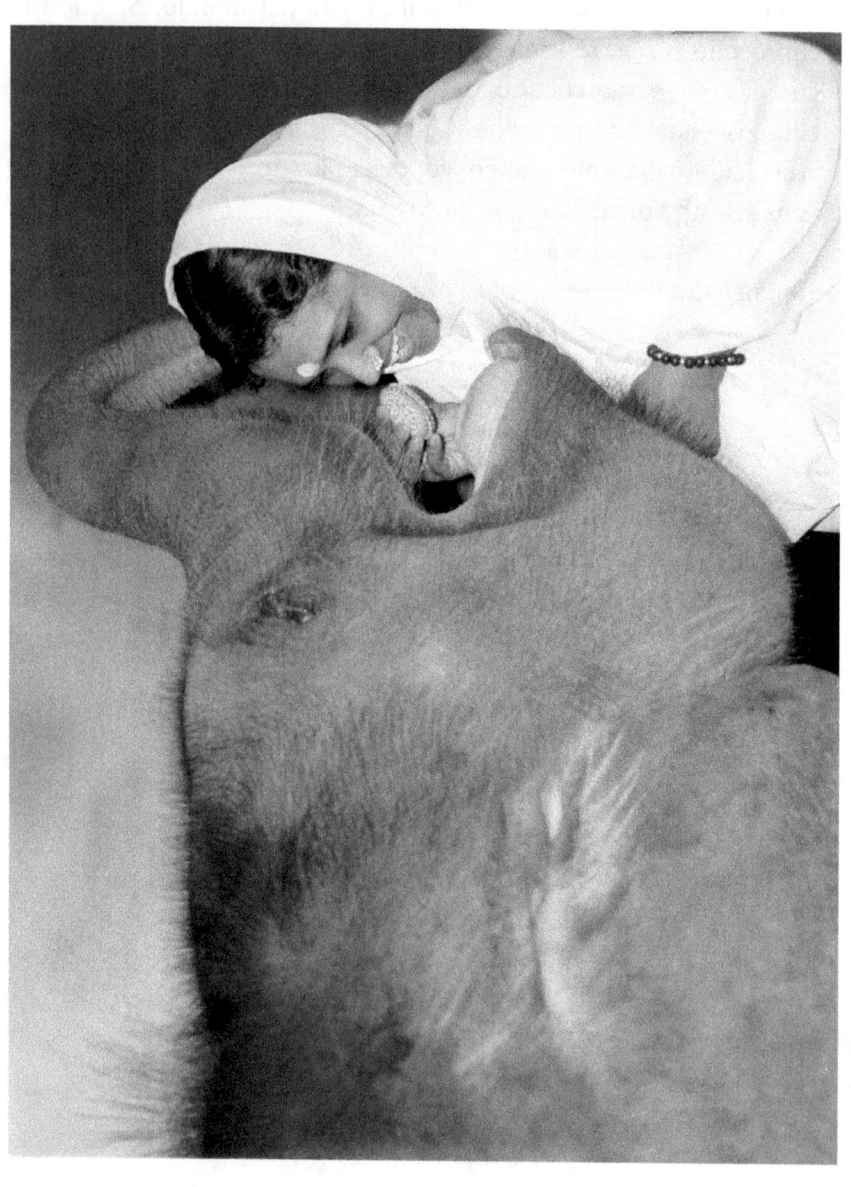

Sri Mata Amritanandamayi

Un'introduzione

"Un'ininterrotta corrente d'Amore scorre da Me verso tutti gli esseri del cosmo. Questa è la Mia innata natura."

– Amma

Nello stato del Kerala, nel sud dell'India, racchiuso in una penisola tra il Mare Arabico e i canali di Kayamkulam, si trova l'Ashram di Amritapuri. Amritapuri è stata santificata dalla presenza di Sri Mata Amritanandamayi Devi, Madre Divina e riverito Satguru per milioni di persone in tutto il mondo.

Amma è venuta come una cascata torrenziale d'amore divino per le persone di quest'epoca, prive di una fede viva e con i cuori assetati di amore puro. Perfettamente stabilita nell'indivisibile esperienza della verità suprema, Ella accetta ciascuno come il Suo stesso Sé. Prendendo l'uma-nità sofferente tra le Sue braccia, lenendo il nostro dolore e dandoci speranza, Lei dissolve le tenebre dai nostri cuori e ci guida sul sentiero verso la perfezione e la gioia eterna.

Durante il Suo instancabile servizio quasi trentennale, Amma ha personalmente consigliato e consolato milioni di persone di tutti i livelli sociali e provenienti da ogni angolo del globo.

Amma asciuga le lacrime di tutti con le Sue stesse mani e rimuove il fardello delle loro sofferenze. La compassione, la tenerezza e il profondo interesse che Lei dimostra ad ognuno, il carisma spirituale, l'innocenza e il fascino che Le sono così naturali, sono tutti indubbiamente unici. Personificazione di tutto ciò che insegna, Amma consacra ogni momento della Sua vita ad alleviare il fardello dell'umanità sofferente. Con i canti devozionali, con semplici conversazioni ricche di vivide illustrazioni ed esempi singolarmente vibranti, e con l'esempio della Sua incomparabile vita, Amma sta conquistando i cuori delle persone di ogni dove.

Un breve profilo della Sua vita

Il mattino del 27 settembre del 1953, nel villaggio di Alappad sulla costa occidentale del Kerala, nacque una bambina. I genitori la chiamarono Sudhamani. Venne a questo mondo senza piangere come fanno di solito i bambini, ma con un sorriso raggiante sul viso, come a presagio della gioia e beatitudine che avrebbe portato al mondo. Fin dalla prima fanciullezza fu pienamente consapevole della Sua vera natura ma, come il giocoso Krishna, preferì comportarsi come una bambina vivace. Ella avrebbe più tardi sorpreso i Suoi genitori ricordando ogni più piccolo evento accaduto durante i Suoi primi mesi di vita.

Nonostante fosse divina già dalla nascita, Sudhamani passò gli anni della Sua infanzia e adolescenza immersa in intense pratiche spirituali con lo scopo di rappresentare un esempio vivente al mondo. Anche da bambina, si poteva trovarLa assorta in profonda meditazione, completamente dimentica di ciò che La circondava. All'età di cinque anni, aveva già iniziato a comporre canti devozionali rivolti al Signore Krishna, composizioni traboccanti di straziante ed intenso desiderio per Lui e spesso cariche di profondo significato mistico. Dimenticando Se stessa nel Suo amore per il Signore, Ella riversava in queste melodie il

Suo cuore e la Sua anima. La Sua dolce voce divenne una fonte di grande gioia per gli abitanti del villaggio.

Quando Sudhamani ebbe nove anni, Sua madre si ammalò, e l'intero carico di lavoro relativo alla casa e alla cucina cadde sulle spalle di Sudhamani, costringendola a lasciare la scuola. Sudhamani svolse il Suo estenuante lavoro senza la minima lamentela, offrendo gioiosamente come preghiera al Signore ogni momento delle Sue lunghe ore di duro lavoro. Di buon grado accettò tutti gli ostacoli, tutti i maltrattamenti che riceveva dalla Sua famiglia, e trovò come Suo unico sollievo e sostegno il costante ricordo del Suo amato Signore Krishna. Quando il Suo lavoro quotidiano terminava a mezzanotte, anziché andare a dormire, Sudhamani era solita passare buona parte della notte a meditare, cantare e pregare il Signore.

Un'altra qualità che si manifestò chiaramente in Sudhamani fin da questa tenera età fu l'amore e la compassione verso gli esseri umani Suoi simili. Come parte dei Suoi doveri domestici, Sudhamani spesso faceva visita ai vicini di casa per raccogliere cibo per le mucche della Sua famiglia. Qui Ella ascoltava pazientemente molte storie di tribolazioni, specialmente dai più anziani, che spesso Le raccontavano com'erano trascurati e maltrattati dai loro figli e nipoti. Attraverso le loro storie, Sudhamani osservò che le stesse persone che da bambini avevano pregato per la salute e per la longevità dei loro genitori, ora inveivano contro di loro, ormai vecchi e infermi. Vide che l'amore terreno nascondeva sempre un motivo egoistico di fondo. Sebbene fosse solo una bambina, Sudhamani faceva tutto quello che poteva per alleviare le sofferenze dei Suoi anziani vicini. Lavava i loro indumenti, faceva loro il bagno e portava persino cibo e vestiti da casa Sua. Quest'abitudine di dar via cose provenienti dalla casa di famiglia spesso causava seri guai a Sudhamani ma, per quanto grande fosse la punizione che L'aspettava, non avrebbe potuto impedire l'espressione della Sua innata compassione. Sudhamani era solita dire ai genitori: "Il vero scopo per cui ho preso questo corpo è di soffrire per l'ignoranza degli altri."

Quando Sudhamani raggiunse l'adolescenza, il Suo amore per il Signore crebbe in modo indescrivibile. I Suoi stati d'animo estatici divennero sempre più frequenti: Ella ballava e cantava in estasi, ebbra di Dio e completamente dimentica del mondo. Agli occhi di Sudhamani l'intero Universo era pervaso da Krishna soltanto. Ben presto Sudhamani entrò in una profonda unione mistica con il Suo Signore, un'unione così completa che non poteva più distinguere tra Krishna e Se stessa.

Un giorno Ella ebbe una gloriosa visione della Madre Divina dell'Universo. Quest'esperienza fu seguita da un ininterrotto stato di intossicazione divina. Giorno e notte Sudhamani era sopraffatta dal desiderio dell'unione con la Madre Divina. Ai membri della Sua famiglia e a molti abitanti del villaggio era impossibile capire i sublimi stati spirituali di Sudhamani e cominciarono a tormentarLa in tutti i modi possibili. Alla fine Ella fu costretta a lasciare la Sua casa e a passare i giorni e le notti all'aperto. Il cielo divenne il Suo tetto, la terra il Suo letto, la luna la Sua lampada e la brezza dell'oceano il Suo ventilatore.

Quando la famiglia di Sudhamani e i compaesani La ripudiarono, furono gli uccelli e gli animali a tenerLe compagnia e a divenire i Suoi amici fedeli. Gli animali Le portavano da mangiare e Le rendevano tutti i servizi possibili.

Sudhamani s'immerse senza interruzione per mesi e mesi nelle più rigorose ed austere pratiche spirituali. Il Suo intero essere era infiammato d'amore e desiderio per la Devi. Baciava la terra e abbracciava gli alberi, perché in essi percepiva la Madre Divina. Piangeva al tocco del vento, percependovi le carezze della Madre Divina. Spesso La si trovava immersa in samadhi per ore o addirittura per giorni e giorni, senza mostrare alcun segno di

consapevolezza esterna. Le Sue pratiche spirituali culminarono nella totale dissoluzione del Suo sé personale nella Madre Divina dell'Universo. In una Suo canto, "Ananda Vidhi", Amma descrive l'esperienza in questo modo:
"Sorridendo, la Madre Divina divenne una massa di splendore luminoso e si fuse in Me. La Mia mente sbocciò e fu bagnata dalla multicolore luce del Divino... Da allora non ho visto più nulla come separato dal Mio Sé..."
Ella realizzò che "l'intero Universo esiste come una piccolissima bolla all'interno del Mio Sé." Il suono primordiale che pervade ogni cosa, l'"Aum", spontaneamente si levò da dentro di Lei. Così Sudhamani fece l'esperienza che tutte le forme di Dio sono manifestazioni dell'unico Atman.

Interrogata in seguito sui Suoi toccanti canti devozionali e sulla necessità delle intense austerità cui si era sottoposta durante i Suoi primi anni, Amma rispose: "Rama e Krishna non adorarono forse il Signore Shiva e la Devi, sebbene fossero essi stessi Avatar? Nessuno che nasce con la piena consapevolezza dichiara fin dall'infanzia di essere Brahman, perché questo implicherebbe che l'altra persona non è Brahman. Quando si realizza l'Unità Assoluta, a chi si può parlare, e di cosa? Quello stato è al di là di tutte le parole e descrizioni. Se volete comunicare con un sordomuto, non potete parlargli nel vostro stesso linguaggio: per farvi capire dovete comunicare nel linguaggio dei segni e, tuttavia, il fatto che voi usiate il linguaggio dei segni non significa che voi stessi siate sordomuti. Nello stesso modo, gli Avatar possono sottoporsi a severe austerità, o potete vederli meditare, ma ciò non significa che abbiano realmente bisogno di farlo. Lo fanno soltanto per essere un esempio per il mondo."

L'ashram di Amritapuri

Dopo questo iniziale periodo di intense austerità, Amma si dedicò pienamente alla Sua missione di servire i poveri e i sofferenti e a diffondere il messaggio della spiritualità. Incominciò a ricevere un grande numero di persone che si affollavano da Lei per ricevere le Sue benedizioni, e la casa dove era nata fu trasformata in un ashram. Molti giovani discepoli presto incominciarono a raccogliersi intorno a Lei, ed Ella iniziò ad istruirli secondo la tradizione indiana del sannyasa. Le fu conferito il nome monastico di "Mata Amritanandamayi", ma continuò ad essere comunemente conosciuta come Amma. Il piccolo ashram di quei tempi si è ora trasformato nel quartiere generale della Sua missione internazionale.

Migliaia di devoti affluiscono all'ashram ogni giorno per il Suo *darshan*, e più di duemila aspiranti spirituali vi risiedono permanentemente, dedicandosi alle pratiche spirituali e al servizio disinteressato sotto la guida diretta di Amma.

I tour mondiali

Amma viaggia regolarmente in molti Paesi dal 1987. Diffondendo il messaggio d'amore e spiritualità, ha condotto migliaia di programmi spirituali in tutto il mondo. Ogni anno Lei visita circa venti nazioni. In occidente, i media spesso descrivono Amma come la "Santa che abbraccia", e in ogni stato che Lei visita i servizi televisivi e giornalistici danno ampio spazio ai Suoi programmi.

Nel 1993, al Centenario del Parlamento delle Religioni del Mondo a Chicago, Amma è stata nominata uno dei tre presidenti della fede induista. Nello stesso anno, *Hinduism Today*, una rivista internazionale di cultura indiana, ha conferito ad Amma il Premio Hindu Renaissance (Rinascita indù). Nel 1995, Amma è stata invitata a parlare a New York nel corso delle Celebrazioni

Interreligiose, per commemorare il 50° anniversario delle Nazioni Unite. Nel 2000, Amma ha pronunciato un discorso importante al Summit del Millennio per la Pace nel Mondo all'Assemblea Generale delle Nazioni Unite sul tema, "Il Ruolo delle Religioni nella Risoluzione dei Conflitti." Nell'ottobre 2002, all'Assemblea Generale delle Nazioni Unite di Ginevra, Amma ha parlato all'Iniziativa per la Pace nel Mondo delle Donne Leader Religiose e Spirituali, pronunciando un discorso fondamentale sulla condizione e sulle capacità delle donne, "Il Risveglio della Maternità Universale". In quest'occasione Le è stato consegnato il prestigioso Premio Gandhi-King per la Non-violenza. Fra i precedenti destinatari di questo premio, si annoverano l'ex-presidente del Sud Africa, Nelson Mandela, il Segretario Generale delle Nazioni Unite Kofi Annan, e la rinomata primatologa e Messaggera ONU per la Pace, la dott.sa Jane Goodall.

Il darshan di Amma

Il termine sanscrito *darshan* significa "visione" ed è usato per indicare l'incontro con un santo, in particolare con un Maestro che ha realizzato il Sé. Il darshan di Amma è una cosa unica. Incarnazione della maternità suprema, Ella accoglie ogni persona che viene a Lei, ascoltando i suoi problemi, offrendo consiglio e guida e portando conforto a chi è straziato dal dolore. In speciali occasioni, Amma manifesta la Sua identificazione con la Devi (la Madre Divina) e quel darshan prende il nome di Devi Bhava. Nei primi tempi, Amma era solita dare il darshan anche in Krishna Bhava.

Sul significato e l'importanza del Bhava Darshan, Amma afferma: "Tutte le divinità del panteon induista, che rappresentano gli innumerevoli aspetti dell'Unico Essere Supremo, esistono dentro di noi. Chi è stabile nel Divino può manifestare ognuna di queste divinità per il bene del mondo. Il Krishna Bhava è la manifestazione dell'aspetto del Puro Essere, e il Devi Bhava è la manifestazione del Principio Femminile Eterno, la Creatrice, il principio attivo dell'Impersonale Assoluto. Tuttavia, bisogna ricordare che tutti i nomi e le forme sono soltanto proiezioni mentali. Perché un giudice indossa una cappa nera e un poliziotto l'uniforme e il berretto? Questi sono solamente supporti esterni destinati a creare un certo sentimento o una particolare impressione. In maniera simile, Amma indossa le vesti della Devi per rafforzare l'attitudine devozionale delle persone che vengono al darshan. L'intenzione di Amma è di aiutare le persone a raggiungere la Verità. L'Atman o il Sé che è in Me è anche in voi. Se realizzate l'Indivisibile Principio che sempre splende in voi, diventerete Quello."

Capitolo 1

La causa di ogni dolore

Il problema fondamentale

La vita, per molte persone, è una costante lotta per trovare una soluzione agli innumerevoli problemi che sono causa di sofferenza. Secondo le Scritture induiste, il non conoscere il proprio Sé è la causa di tutti i dolori. Noi siamo la Coscienza Suprema, ma riteniamo di essere l'insieme di corpo, mente e intelletto. In verità, la Coscienza eterna che anima il corpo, la mente e l'intelletto, non è toccata per nulla da qualunque cosa accada ad essi. Nella *Bhagavad Gita*, la Coscienza eterna, *Atman*, o Sé, è descritta così:

> nai'nam chindanti śastrāni nai'nam dahati pāvakah
> na cai'nam kledayanty āpo na śosayati mārutah
> acchedyo'yam adāhyo'yam akledyo'śosya eva ca
> nityah sarvagatah sthānuh acalo'yam sanātanah
>
> *Le armi non lo tagliano, il fuoco non lo brucia, l'acqua non lo bagna, e il vento non lo secca. Questo (il Sé) è eterno, onnipervadente, stabile, inamovibile, e primordiale.*
>
> – *Bhagavad Gita*, Capitolo II, Versi 23–24

Noi diamo importanza ai bisogni dell'insieme mente-corpo a causa della nostra errata identificazione con esso. Tale identificazione crea in noi molti desideri, che senz'altro non potremo soddisfare tutti. Ciò nonostante, questa brama è sempre presente e i desideri inesauditi spesso causano dolore.

Inoltre, noi concepiamo delle aspettative sul modo in cui la nostra vita dovrebbe svolgersi. Sfortunatamente, il risultato non sempre eguaglia le nostre previsioni. Possiamo aspettarci di sposare una certa persona, o di ottenere successo nel lavoro, o che nostro figlio si laurei con lode. Quando le nostre aspettative restano inesaudite, sperimentiamo infelicità.

Anche l'attaccamento gioca un ruolo nella nostra sofferenza. Per esempio, quando diamo troppo valore all'accu-mulo di denaro e agli oggetti materiali e ci attacchiamo ad essi, se ci rubano l'auto, o gli investimenti falliscono, o subiamo altre perdite materiali, il dolore è assicurato.

Tendenze negative quali egoismo, lussuria, rabbia, avidità e gelosia, influenzano le nostre decisioni e azioni, aumentando perciò le probabilità di angoscia e infelicità. Se ciò non è causa di dolore sufficiente, le decisioni indiscriminate e le conseguenti azioni errate (mentali, verbali e fisiche) possono produrre un karma negativo che alla fine si traduce in sofferenza o in questa vita o nelle successive.

Dunque, siamo noi stessi gli artefici del nostro dolore. Dio non crea sofferenza; in verità, Dio crea un mondo molto bello. È la nostra mente che lo rende diverso. Amma racconta una storia in proposito.

Due uomini erano seduti in un giardino accanto ad un cespuglio di rose. Vedendo le rose pienamente sbocciate, uno dei due uomini cominciò a pensare: "Che belle rose! Se ne dessi una alla mia ragazza, lei sarebbe così felice. Un bel sorriso sboccerebbe sul suo volto." Immerso in tali pensieri, l'uomo rimase a guardare intensamente il cespuglio di rose, dimentico di tutto il resto.

L'altro uomo lì seduto, invece, si sentì turbato nel vedere esattamente le stesse rose. Pensò fra sé e sé: "Ho regalato così tanti fiori come questi alla mia ragazza e nonostante ciò, mi ha tradito ed è scappata con un altro uomo. Non potrò mai perdonarla per questo." Con tali amari pensieri nella mente, si arrabbiò perfino con i fiori e li calpestò, schiacciandoli sotto i piedi. Poi, sperando di trovare un po' di pace mentale, andò in cerca di un negozio di liquori.

La mente è la sola causa della nostra schiavitù e mancanza di libertà. Per trovare pace, gioia e libertà, dobbiamo disciplinare la mente.

Passare dalla sofferenza alla gioia è una cosa difficile da realizzare con i nostri soli sforzi, ma un *Satguru* (un Vero Maestro) può aiutarci a superare le negatività che causano dolore.

Desideri

Tutti abbiamo dei desideri, ma essi possono realizzarsi oppure no. Rispondendo alla domanda: "Perché non tutti i nostri desideri vengono soddisfatti?", Amma afferma che se ogni cosa accadesse come vogliamo, l'armonia nel creato andrebbe perduta.

I medici vogliono più pazienti, ma nessuno di noi desidera ammalarsi. Se gli avvocati desiderano avere più clienti, allora saranno necessari più delitti, incidenti, e litigi. Invece, noi tutti vogliamo pace e solidarietà nella società. I proprietari dei negozi di liquori vogliono che sempre più persone bevano per incrementare i loro affari, mentre i genitori desiderano che i loro figli non bevano.

Nessuno vuole morire; alcune persone vogliono addirittura congelare il proprio cadavere, per potere riprendere a vivere in un futuro in cui la scienza saprà riportare in vita i morti. Ma gli impresari di pompe funebri pregano per maggiori affari.

Se tutti i nostri desideri venissero soddisfatti, non ci sarebbe ordine nel pianeta, ma soltanto caos e disarmonia. Infatti, è solo perché alcuni desideri non sono esauditi che in questo mondo esiste un minimo di armonia.

Bisogna inoltre sottolineare che tutta la felicità che otteniamo dagli oggetti esterni non è altro che una felicità presa a prestito – la felicità non appartiene agli oggetti in se stessi. In verità, la felicità che noi pensiamo provenga da questi oggetti è solo il riflesso della felicità che abbiamo dentro. Ecco perché i bambini sono generalmente felici con oggetti insignificanti.

Aspettative

Le aspettative possono causare dolore per molte ragioni. Se le nostre aspettative non sono soddisfatte, ciò causa delusione. In alcune persone, la delusione generalmente porta alla collera. In altri, condurrà alla frustrazione o depressione.

Anche se le nostre aspettative si realizzano, possono comunque condurre alla sofferenza. Se un'aspettativa è soddisfatta, i nostri desideri crescono e noi ci aspettiamo che anche altre aspettative si realizzino. In questo modo, la nostra avidità e i nostri desideri crescono e acquistano forza. L'ammontare di sofferenza che sperimentiamo è direttamente proporzionale alla forza dei nostri desideri e aspettative.

Questo non significa che bisogna avere alcuna aspettativa, ma che dobbiamo essere in grado di restare neutrali quando le nostre attese restano inesaudite.

Un'azione può portare diversi tipi di risultato. Per esempio, supponiamo di essere affetti da una malattia. Possiamo prendere un farmaco, ma anziché credere semplicemente che la medicina ci riporterà in salute, dovremmo essere totalmente preparati per uno dei seguenti risultati:

1) la malattia può essere curata completamente.
2) la malattia può essere curata parzialmente.

3) la malattia può non essere curata.
4) possiamo sviluppare un'allergia, una complicazione, o effetti collaterali dovuti ai farmaci.

In altre parole, il risultato di un'azione può essere:
1) come noi ce l'aspettiamo.
2) più di quello che ci aspettiamo.
3) meno di quello che ci aspettiamo.
4) senza alcun risultato.
5) qualcosa di completamente diverso da quello che ci aspettavamo.

Se abbiamo aspettative, dobbiamo attenderci tutta la gamma delle possibilità sopra indicate. Dobbiamo essere preparati ad affrontare uno qualunque di questi risultati. Assimilare questo concetto è segno di vera maturità. È da immaturi non essere preparati ad accettare qualunque cosa possa accadere.

Noi siamo tutti maturi in qualche modo, ma dobbiamo anche diventare maturi mentalmente ed emotivamente. Amma afferma che i nostri corpi crescono in larghezza ed altezza, ma le nostre menti non stanno crescendo; dobbiamo sforzarci di coltivare questa maturità mentale ed emozionale.

Tendenze negative

Tutti noi mostriamo tendenze negative di tanto in tanto. Per quanto cerchiamo di comportarci in modo amabile, impazienza, avidità, gelosia, collera, caparbietà, risentimento, ansia ed arroganza affiorano comunque. Queste attitudini causano grandi danni al nostro benessere e alle nostre relazioni. La chiarezza nel prendere decisioni è spesso compromessa quando la mente comincia ad agitarsi a causa di queste tendenze negative.

Ci sono generalmente quattro tipi di persone:

1) Coloro in cui esiste una gran quantità di agitazione e negatività, ma di cui sono consapevoli – tali persone credono che non ci sia nulla di sbagliato in loro. Come si usa dire, "beata ignoranza".

2) Coloro che sanno di avere negatività all'interno, ma non vedono alcuna ragione o bisogno di rimuoverla. Anche se imparano a conviverci, continueranno a soffrire, sperimentando rabbia, risentimento, e molte altre tendenze negative. Queste emozioni sono un problema per loro e anche per chi li circonda.

3) Quelli che sanno che c'è molta negatività nella loro mente e vogliono rimuoverla. Non vogliono vivere con questi problemi; vogliono avere pace mentale, calma e quiete, e dunque cercano di rimuovere le loro negatività. È solo questo gruppo di persone che cerca di intraprendere pratiche spirituali come la meditazione, la preghiera e lo studio delle Scritture, o che si avvicina ad un Maestro.

4) Eccezionalmente rari sono i *Mahatma*[1] come Amma, che hanno completamente trasceso tutte le tendenze negative della mente. In verità, essi non hanno una mente egocentrica, perché la loro mente è tutt'uno con la Mente Universale. Per loro non ci sono problemi.

Noi tutti sappiamo che è dannoso per noi stessi e per gli altri provare collera, risentimento o ansia. Intellettualmente sappiamo che è distruttivo, ma non abbiamo la forza mentale o la preparazione per superare queste attitudini negative.

Tutte le pratiche spirituali che facciamo hanno lo scopo di addestrare la mente a superare le nostre negatività. Sfortunatamente, la maggior parte di noi non sta addestrando la propria

---

[1] Un *Mahatma* è una persona che ha realizzato Dio (o realizzato il Sé), ma che può essere interessato o no a guidare altre persone lungo il sentiero spirituale nel modo in cui lo fa un Satguru. Tutti i Satguru sono Mahatma, ma non tutti i Mahatma scelgono di essere Satguru.

mente; è la nostra mente ad aver addestrato noi, e i nostri tratti negativi hanno preso il controllo.

Perfino quando siamo nella potente presenza di Amma, spesso ci accorgiamo che una cosa o l'altra ci sta disturbando. Ho mutabilità sentito dei devoti dire ad Amma: "Amma, essere vicini a Te è la migliore opportunità per meditare, ma perfino in Tua presenza non sono sempre capace di meditare bene."

Mancanza di consapevolezza sul mutare del mondo

Supponiamo che voi riceviate una telefonata. Non appena sollevate il ricevitore e ascoltate le prime parole di chi chiama, scoprite chi c'è dall'altra parte. Se si tratta del vostro compagno o consorte, forse dite qualcosa come: "Ciao caro, come stai? Mi manchi così tanto!" Ma se se si tratta del vostro datore di lavoro, non direte le stesse cose. Se lo faceste, potreste perfino essere licenziati!

È lo stesso caso con i vari oggetti e situazioni del mondo. Per rapportarci in modo appropriato, è necessario conoscere la natura di oggetti, persone e situazioni con cui abbiamo a che fare.

A complicare la faccenda, le attitudini, gli oggetti e le situazioni sono in continuo mutamento. Oggi possiamo possedere un'auto molto bella o un bel computer, ma domani possono andar bene soltanto per la discarica dei rifiuti. Allo stesso modo, anche le persone non mantengono un comportamento costante. Oggi qualcuno può essere il nostro migliore amico; domani potrà trasformarsi nel nostro peggiore nemico.

Cercare la felicità nei posti sbagliati

Nessuno dice: "Voglio essere felice soltanto di mattina, non m'importa di essere infelice di sera", né qualcun altro asserisce:

"Voglio essere felice solo quando sono al lavoro, non voglio essere felice a casa", oppure: "Io voglio essere felice soltanto quando guido la mia auto". In altre parole, noi vogliamo una felicità che sia illimitata e incondizionata, indipendentemente dal tempo, dal luogo e dagli oggetti. Ciò nonostante, cerchiamo sempre la felicità in persone, oggetti e circostanze, che sono mutevoli e impermanenti per natura. È totalmente illogico aspettarsi una felicità immutabile e permanente da qualcosa di mutevole.

Non è che gli oggetti non possano darci felicità. Possono darcela, ma la felicità che otteniamo da essi è incidentale e non intrinseca. Un oggetto può rendere felice una persona in un particolare momento o in una particolare situazione, ma mai sempre e per sempre. Se compriamo una Mercedes nuova di zecca, ne saremo probabilmente felici. Ogni volta che guidiamo l'auto, o soltanto ci pensiamo, possiamo sentirci felici. D'altra parte se muore un parente prossimo o qualcuno che amiamo, saremo molto tristi. In quella situazione, per quanto possiamo guidare o pensare alla nostra Mercedes, ciò non ci renderà felici. Questo perché la felicità che ci dava l'auto era incidentale e non intrinseca. Se la felicità che ottenevamo dall'automobile fosse stata intrinseca, ci avrebbe reso felici in ogni circostanza. In realtà, se dipendiamo da tali oggetti per la nostra felicità e sostegno, resteremo delusi.

Amma afferma che dovremo essere tutti come un uccello posato su di un ramoscello secco. Un uccello appoggiato su di un ramoscello sottile e secco sa che anche una lieve brezza è sufficiente per spezzare il suo fragile appoggio e dunque l'uccello sarà sempre vigile e cauto, pronto a volare via in ogni momento.

Quando perdiamo gli oggetti che ci interessano o desideriamo, o quando essi ci lasciano, anziché sentirci infelici, dobbiamo essere in grado di procedere verso la nostra meta proprio come un uccello sul ramoscello vola via nel momento in cui il ramo si spezza.

La causa di ogni dolore

Gli oggetti hanno solo una limitata capacità di renderci felici, ma hanno un'illimitata capacità di renderci infelici. Cercate di non dare eccessiva importanza o valore agli oggetti e di non aspettarvi troppo da nessuno.

Amma afferma che cercare una felicità immutabile in oggetti mutevoli è come aspettarsi dell'acqua fredda in un deserto. Non dobbiamo permettere alla nostra mente di dipendere dagli oggetti o dalle persone per essere in pace e felice, perché essi sono fuori del nostro controllo. Invece, dobbiamo imparare a adattare la nostra mente alle situazioni. Questo è ciò che Amma intende quando afferma che dobbiamo imparare a climatizzare la nostra mente.

Amma racconta una storia per illustrare questo punto.

Un giorno, un re volle fare una passeggiata per la capitale. Mentre camminava per strada, urtò la punta del piede contro una piccola pietra che sporgeva dal terreno e l'alluce cominciò a sanguinare. Egli si arrabbiò con i suoi servi e le guardie e urlò: "Come avete potuto permettere che mi succedesse una cosa simile?!" Ordinò che il giorno successivo, prima che egli uscisse per la passeggiata della sera, tutte le strade della città fossero coperte da tappeti. I ministri si grattarono il capo poiché non sapevamo come portare a termine questo incarico, vista la difficoltà di trovare tappeti tanto grandi. Tra di loro c'era un vecchio e saggio ministro che era piuttosto coraggioso. Egli disse al sovrano: "Vostra Maestà, anziché stendere tappeti per tutte le strade, non sarebbe più saggio se voi indossaste un bel paio di scarpe?"

In modo simile, invece di cercare di accomodare ogni cosa a nostro vantaggio, dovremmo cercare di adattare noi stessi alle condizioni esterne. Ciò è possibile attraverso la comprensione dei princìpi spirituali ed eseguendo pratiche spirituali. Se guadagniamo forza spirituale, essa ci sarà utile come un ammortizzatore per un veicolo. L'ammor-tizzatore aiuta il veicolo ad assorbire le scosse e gli urti su una strada irregolare e accidentata. Nello stesso modo le nostre vite sono piene di alti e bassi, ed è questa forza spirituale che ci aiuta ad assorbire i contrattempi nella vita.

Dare un valore errato alle cose

Se prendiamo decisioni sbagliate senza discernere ciò che ha davvero valore, ne conseguirà dolore. Molti studenti si tolgono la vita se non superano gli esami o non ottengono il voto desiderato. Talvolta, durante un incontro sportivo difficile, i tifosi litigano tra loro per un fischio dell'arbitro. Una prospettiva più ampia favorirebbe una reazione più in accordo con l'importanza relativa di tali situazioni.

Talvolta diamo il giusto valore alle cose. Per esempio, immaginiamo di avere un paio di scarpe nuove, molto costose. Sebbene siano care, non le conserviamo nella nostra valigetta o nell'armadio: le portiamo ai piedi e camminiamo perfino su strade sporche senza tante cerimonie. Sono solo scarpe e sono state acquistate per essere usate. Sfortunatamente, non siamo capaci di applicare il discernimento di questo approccio a tutte le situazioni della vita.

Vorrei narrare un episodio che evidenzia come Amma dia sempre un valore appropriato ad ogni oggetto del mondo. Nei primi tempi all'ashram, spesso non avevamo cibo sufficiente. Non avevamo neppure sufficienti vestiti buoni da indossare. Ogni qualvolta tenevamo un programma fuori dell'ashram, i *brahmachari* (i discepoli celibi) condividevano i pochi indumenti buoni disponibili. Inoltre, in quei giorni, Amma era molto esigente sul fatto che si desse da mangiare a chiunque venisse all'ashram e i brahmachari potevano mangiare soltanto dopo che tutti avevano già ricevuto del cibo. Molte volte non rimaneva alcun cibo per noi. In quelle occasioni Amma andava dai vicini a chiedere l'elemosina.

Un giorno, una povera donna del vicinato venne da Amma dicendo che era stato combinato il matrimonio di sua figlia. Poiché era molto povera, aveva bisogno dell'aiuto di Amma. Sebbene l'ashram avesse difficoltà economiche, Amma la rassicurò che avrebbe dato il Suo aiuto. Io ero seduto vicino ad Amma quando Ella chiamò uno dei residenti e gli chiese di andare a prendere qualcosa nella Sua stanza. Egli portò una scatola e la diede ad Amma. Ella l'aprì: all'interno c'era una nuova, costosa catena d'oro, forse il recente dono di un devoto. Io mi chiedevo cosa avrebbe fatto Amma.

Senza alcuna esitazione, Amma diede la costosa collana d'oro alla donna. La donna era molto felice e ringraziò Amma profusamente. Io mi sentivo molto agitato poiché noi stessi eravamo finanziariamente in cattive acque. Come poteva Amma agire in questo modo? Prima che potessi dire qualcosa, la donna era sparita. Non riuscii a controllare il mio shock. Chiesi ad Amma: "Come hai potuto farlo?"

Diedi ad Amma una lunga lezione: "Sai quanto costa quella collana?" Io allora lavoravo in banca, perciò conoscevo il valore di mercato dell'oro. Le dissi: "Avrei potuto portarla in banca per te e ricavarne un bel po' di denaro in cambio. Io non penso che sia giusto quello che hai fatto."

"Davvero?" rispose Amma. "Perché non lo hai detto prima? Richiama subito indietro quella donna, presto!"

Io mi sentii molto orgoglioso di me stesso per avere avuto una tale chiarezza di visione da correggere perfino un errore di Amma. A quei tempi non avevo idea della grandezza di Amma come Maestro Realizzato. La mia comprensione spirituale era miserabilmente povera. Inoltre, come molti pseudo-intellettuali, pensavo di avere più conoscenza ed esperienza delle situazioni del mondo. Ero convinto che Amma volesse farsi restituire la catena dalla donna, così andai e la feci tornare indietro. Lei si chiedeva che cosa stesse succedendo. Amma le disse, indicandomi: "Questo brahmachari afferma che questa è una collana molto costosa." Io ero così impaziente che volevo dire alla donna: "Dunque daccela subito indietro!" Amma percepì la mia impazienza e mi disse di stare tranquillo. Amma continuò: "Poiché la collana è tanto costosa, non impegnarla o venderla per un prezzo inferiore al suo reale valore. Assicurati di ricavarne un buon prezzo."

Sentii di colpo molta vergogna per essere stato tanto ignorante circa la compassione di Amma.

Questo è solo un esempio di come Amma non dia troppa importanza alle cose del mondo. Non significa che la ricchezza materiale non sia importante, ma che dobbiamo renderci conto dei suoi limiti. La ricchezza materiale non è tutto. Altrimenti, tutte le persone ricche sarebbero felici e piene di gioia. Io ho visto molte famiglie ricche piangere davanti ad Amma per varie ragioni. La ricchezza spirituale è molto più importante. Per ricchezza spirituale, intendo la forza spirituale e la maturità nata dalla comprensione della natura effimera del mondo e dei suoi oggetti. La ricchezza spirituale ci rende capaci di sorridere perfino se ci troviamo a faccia a faccia con la morte.

Subito dopo che le persone cominciarono ad affluire numerose per vedere Amma, c'era chi era violentemente ostile al Bhava Darshan. Ci furono perfino numerosi attentati alla vita di Amma, incluso quello perpetrato da un Suo cugino, il quale pensava che il comportamento di Amma stesse disonorando il nome della famiglia. Quando egli La minacciò con un grosso coltello, Amma non ne fu affatto turbata. Amma semplicemente rise e disse: "Non ho affatto paura della morte. Il corpo dovrà morire prima o poi, ma tu non puoi uccidere il Sé. Visto che sei determinato a porre fine alla Mia esistenza fisica, lasciaMi meditare per un po', e poi potrai ucciderMi mentre sono in meditazione." Grazie alla Sua comprensione della natura del Suo vero Sé e del mondo, Amma fu in grado di affrontare con calma perfino un attentato alla Sua vita. Ella non si arrabbiò neppure col Suo aggressore, né rimase sconvolta.

La legge del karma

Gli scienziati hanno recentemente incominciato a confermare che questa non è la nostra unica nascita. Non è ancora possibile provare oltre ogni dubbio, con l'attuale sviluppo scientifico e tecnologico, la verità della rinascita e delle vite passate. È ragionevole chiedersi: se ogni azione ha una reazione eguale e contraria, qual è l'azione che è causa della nascita di un bambino con deformità, o in una famiglia povera, o come bambino prodigio? In questa vita non ha fatto nulla per meritarselo. È logico concludere che ci deve essere stata una vita precedente nella quale quella persona "ha guadagnato" questo risultato. In alcune famiglie un figlio è molto intelligente mentre l'altro non lo è. Qual è la ragione di ciò? Il bambino deve aver fatto qualcosa in una vita precedente per meritarlo. I figli nati dagli stessi genitori hanno così tante notevoli differenze. In modo simile, vediamo molti tiranni come Hitler o Stalin che hanno massacrato milioni di persone. Quando e come sperimenteranno il risultato di tali crudeli azioni? Certamente dovranno soffrire per molte vite a venire.

Secondo la legge del karma, ogni azione ha il suo invariabile effetto su chi la compie. Non c'è scampo dalla catena del karma finché si ha un ego. Inoltre, le conseguenze di un'azione non sono limitate ad una persona sola. Esse riguardano altri membri della società. Se facciamo qualcosa di buono, non soltanto noi stessi, ma il mondo in generale ne sarà influenzato positivamente. Se facciamo qualcosa di egoistico e dannoso, anche questo avrà i suoi effetti sugli altri. Supponiamo di avere l'abitudine di bere troppi alcolici. Guidando in stato d'ubriachezza potremmo ferire una persona che magari sta attraversando la strada con molta prudenza. Il risultato sarà che noi finiremo in tribunale e l'altra persona all'ospedale. Ci saranno altre conseguenze per le famiglie di entrambe le parti. Allora un'azione errata o imprudente di una singola persona può avere un effetto molto sfavorevole la vita di molte.

Ecco perché Amma afferma che noi non siamo isole separate, ma connessi gli uni agli altri come anelli di una catena. Che lo sappiamo o no, le azioni che compiamo hanno sempre un effetto sugli altri.

Due incalliti criminali furono esiliati in un'isola remota e desolata. Passarono molti anni. Un bel giorno erano seduti sulla spiaggia piangendo in modo incontrollabile, pensando al loro destino. Improvvisamente, una bottiglia fu gettata sulla riva dalle onde del mare. Uno di loro la raccolse e l'aprì. Immediatamente ne uscì un genio così felice di essere stato liberato dalla bottiglia che offrì di esaudire un desiderio a ciascuno, in cambio dell'aiuto ricevuto. Il primo disse al genio: "Ho sofferto su quest'isola per molti anni, separato dai miei figli e dalla mia famiglia. Voglio stare con la mia famiglia." Istantaneamente il primo criminale tornò in seno alla sua famiglia in una terra lontana. Quando se ne andò, il secondo criminale fu ancora più triste perché era rimasto solo. Disse al genio: "Non ho mai avuto una famiglia o un amico nella mia vita. Egli era il solo amico che mi amava davvero. Mi manca tanto. Tutto ciò che voglio è che il mio amico sia riportato qui." In un attimo, il primo criminale tornò sull'isola e il genio scomparve.

Il karma, sia il nostro sia quello degli altri, è un fattore importante nel determinare il successo o il fallimento di un particolare sforzo. Per evitare una sofferenza inutile, è importante capire il ruolo che il karma gioca nelle nostre vite.

Quando mi sono presentato per il mio esame di laurea mi aspettavo di superarlo con buoni voti. Quando uscirono i risultati, restai sorpreso nello scoprire che non avevo superato una prova scritta. Ne fui sbalordito, perché avevo svolto quel compito molto bene. Presentai ricorso all'università per una rivalutazione del compito, in seguito alla quale fui promosso con il massimo dei voti. Inchieste successive rivelarono che il professore che aveva valutato il mio compito nella prima verifica stava attraversando una difficile fase della sua vita. Sembrava che avesse avuto un litigio con sua moglie e che lei fosse scappata con un vicino che faceva il camionista. Il professore era molto sconvolto per questo. Tutte le volte che sentiva il rumore di un camion diventava molto irrequieto e agitato, talvolta isterico, perché gli ricordava il camionista con cui era scappata sua moglie. Molti camion passavano davanti a casa sua, rendendolo sempre più agitato. A causa di ciò, non fu in grado di prestare la dovuta attenzione al suo dovere accademico di valutazione delle prove d'esame. Dunque, il suo karma ebbe un effetto avverso anche sulla mia vita.

Questi esempi ci mostrano che ci sono molti fattori che possono intromettersi tra il nostro sforzo e i suoi risultati. Noi possiamo pregare Dio di esaudire un desiderio, ma che sia esaudito dipende da molte cose: l'intensità e la sincerità delle nostre preghiere, lo sforzo che vi mettiamo, il nostro karma passato e talvolta anche il karma altrui. Molti di questi fattori sono al di là dal nostro controllo. Perché i fattori che non sono sotto il nostro controllo diventino favorevoli, abbiamo bisogno della grazia di Dio. Il nostro solo sforzo non può portare il risultato desiderato.

La natura della sofferenza e del dolore

Ogni persona nata su questa terra ha la sua dose di gioie e dolori. Di tutto il karma accumulato nel passato, la porzione, buona o cattiva, destinata ad essere sperimentata in questa vita è detta *prarabdha*.

Il nostro prarabdha può essere di diversi tipi:
1) Prarabdha che può essere superato compiendo azioni positive. È come un cancro benigno o inoffensivo che può essere rimosso una volta per tutte con una semplice operazione chirurgica.
2) Prarabdha che può essere ridotto o parzialmente rimosso per mezzo dei nostri sforzi. Questo tipo di prarabdha è come un cancro maligno che può essere rimosso ma che può ancora tornare.
3) Prarabdha a cui non si può rimediare; dovremo attraversarlo. Amma dà l'esempio di un cancro allo stadio terminale. Questo tipo di prarabdha non può essere evitato. Si deve subire.

Ci si può chiedere che cosa insegnino al mondo Grandi Maestri come Amma con l'esempio delle loro stesse vite. Essi mostrano al mondo come affrontare situazioni difficili con maturità interiore, e c'ispirano a seguire il loro esempio. Molti di noi hanno forse affrontato intenso dolore e sofferenza nella vita. Quando sentiamo come Gesù abbia perdonato i Suoi nemici al momento della crocifissione, anche noi possiamo trovare il coraggio di affrontare ogni situazione senza sentimenti di odio, senza risentimento verso nessuno.

Amma ha incontrato molte difficoltà nei primi anni della Sua vita a causa della Sua immensa devozione e del Suo amore per Dio. Ella non era delusa dal fatto che Dio Le riservasse una vita così dura. Amma vedeva nelle Sue avversità l'opportunità di imparare che dietro l'amore degli esseri umani c'è sempre qualche interesse egoistico. Se questi interessi non sono soddisfatti, l'amore mondano si tramuta immediatamente in odio. Soltanto Dio ci ama incondizionatamente, senza alcuna aspettativa. Amma lo comprese e cominciò ad amare le persone che Le causavano solo dolore e tribolazioni. Sfortunatamente, è molto difficile per noi perdonare i nostri nemici, e ancora di più amarli. Se siamo in grado di farlo, stiamo trasformando il nostre cuore nella dimora di Dio.

Con il Suo modo di affrontare tali prove, Amma ci ha dimostrato come perfino nel mezzo di circostanze difficili si possa restare focalizzati su Dio e affrontare coraggiosamente le sfide. Amma non era triste o arrabbiata perché i Suoi genitori non Le davano amore e affetto. Ella pensava: "Perché dovrei cercare l'amore di qualcuno? Al contrario, che io possa amare chiunque." Amma non si aspetta nulla da nessuno. Amma compie il Suo dovere senza preoccuparsi dei risultati. Questa è vera spiritualità.

Ego

Secondo le Scritture induiste, il primo prodotto della nostra ignoranza sulla natura del nostro vero Sé è l'ego. In Sanscrito l'ego è chiamato *ahamkara*. Ahamkara può anche essere tradotto come "il senso di un'esistenza separata dal resto dell'universo". Tutti i nostri desideri, aspettative, attaccamenti, attitudine negative e perfino il nostro karma sorgono dall'ego.

Ego è il sentimento di "io", ovvero "io faccio", "io sono felice", "io soffro." Quando ci svegliamo, qual è il primo pensiero che entra nella nostra mente? È "io". Tutti gli altri pensieri sorgono da questo primo pensiero.

Questo senso di "io" fa sorgere tutti i nostri problemi. Quando siamo identificati con l'ego, avremo desideri, aspettative e attaccamenti atti ad assicurare la salute, la sicurezza e le comodità dell'ego. Quando questi desideri, aspettative e attaccamenti vengono frustrati, o quando il nostro ego è ferito, noi reagiamo con rabbia, odio, paura, depressione, ecc. Amma afferma che sono l'ego e le qualità negative che nascono da esso ad impedire alla grazia di Dio di raggiungerci.

Possiamo credere di aver trasceso l'ego attraverso molte pratiche spirituali e compiendo molto *seva* (servizio disinteressato).

Possiamo perfino pensare: "Guarda quanto seva ho fatto in più di quella persona. Io sono molto più altruista di lei."

È importante ricordare che l'ego è molto sottile e astuto. C'è una storia nel grande poema epico *Mahabharata* (il libro che descrive la Guerra del Mahabharata) che dimostra come anche ricercatori spirituali avanzati e grandi devoti possano cadere nella trappola dell'ego.

Dopo che la giornata di battaglia fu terminata, Arjuna, con il Signore Krishna come suo auriga, e i giusti Pandava, ritornarono al loro accampamento. Non appena il carro raggiunse l'accampamento, Krishna fermò il carro e disse: "Arjuna, per favore, scendi."

Arjuna pensò tra sé: "Io ho combattuto e vinto la battaglia. Krishna ha solo guidato il mio carro. In verità dovrebbe scendere prima Lui." Pensando questo, chiese a Krishna di scendere per primo. Krishna rifiutò, dicendo ad Arjuna che doveva davvero scendere per primo. Anche se Krishna aveva già rivelato la Sua forma divina ad Arjuna sul campo di battaglia, impartendogli l'intera *Bhagavad Gita*, e salvandolo da morte certa durante la battaglia, Arjuna ancora non voleva ascoltare Krishna ed esigeva che Krishna scendesse prima di lui.

Nonostante avesse sperimentato la divinità di Krishna in molte occasioni, l'ego di Arjuna lo ingannava, facendogli credere di essere più grande di Dio. Tuttavia, poiché Krishna si ostinava su quel punto, Arjuna scese dal carro prima del Signore. Krishna attese tranquillamente che Arjuna si allontanasse un poco prima di scendere Lui Stesso. Nel momento in cui lo fece, il carro scoppiò in fiamme. Così tante armi potenti erano state usate contro il carro in quella giornata di battaglia, che il carro era rimasto intatto ed Arjuna era stato in grado di vincere la battaglia soltanto grazie alla presenza di Krishna. Arjuna cadde ai piedi di Krishna, comprendendo finalmente che di aver combattuto e vinto la battaglia solo grazie al potere del Signore.

La causa di ogni dolore

In verità, qualsiasi cosa facciamo, non possiamo rimuovere l'ego da soli. Amma afferma che l'ego è la sola cosa nel creato che non è stata creata da Dio. L'ego è una nostra creazione e non possiamo distruggere ciò che abbiamo creato noi. Per questo, abbiamo bisogno dell'aiuto di un Satguru. Rimuovere l'ego è il lavoro primario del Satguru.

Capitolo 2

Le catene dei condizionamenti

Comprendere i condizionamenti

Noi siamo sempre in cerca del lavoro giusto, del capo giusto, del consorte giusto, dell'amico giusto, e così via. Dimentichiamo che anche noi dobbiamo essere la persona giusta. Gli uomini vogliono una sposa casta come Sita (la sacra consorte del signore Rama), ma dimenticano che anch'essi devono essere virtuosi e retti come il Signore Rama.

Difficilmente esiste una persona perfetta (tranne i Mahatma e i Satguru) o un lavoro perfetto o una sposa perfetta. Quando cerchiamo la perfezione, o perdiamo una buona occasione oppure restiamo delusi. Cercando cose perfette, spesso scambiamo un problema con un altro.

Speriamo di risolvere il problema cambiando la situazione o la persona. Questo modo di pensare è il risultato di abitudini e condizionamenti passati. Se cambiare i fattori esterni è servito in passato, noi presumiamo che questa strategia continuerà a funzionare. Abbiamo una potenziale capacità di cambiare noi stessi in meglio, ma ci poniamo dei limiti basandoci su condizionamenti precedenti.

Amma ha dato il seguente esempio di condizionamento nel Suo discorso durante l'Iniziativa per la Pace nel Mondo delle Donne Leader Religiose e Spirituali a Ginevra. Quando un elefante è piccolo, è abituato a vagare liberamente nella foresta. Dopo essere stato catturato, è legato ad un grosso albero o a un palo con una robusta catena. Continuerà a dare strattoni e a tirare la catena, ma senza successo.

Dopo un po' di tempo l'elefantino capisce che tutto quel tirare e dare strattoni non servirà. Allora, smette di tirare e se ne sta tranquillo. Ora è condizionato. Quando il l'elefantino diventa un elefante adulto, può essere legato con una corda sottile ad un fragile palo o alberello.

L'elefante adulto potrebbe facilmente spezzare la corda e scappare liberamente, ma non se ne va perché è condizionato a pensare che non è possibile rompere la catena. Noi siamo costantemente condizionati nello stesso modo, consciamente o inconsciamente, dal mondo circostante, dai nostri genitori, amici, film e programmi televisivi, etc.

C'era un militare in pensione che era antipatico ai bambini del vicinato a causa del suo temperamento collerico. Un giorno essi decisero di giocargli uno scherzo. Mentre stava rincasando dal supermercato con un cesto di uova in mano, uno dei ragazzi gridò: "A-t-t-e-n-t-i-!" Non appena l'ufficiale udì la parola "attenti", lasciò cadere il cesto delle uova dalle sue mani, e si mise immobile sull'attenti, a causa del suo precedente condizionamento.

Amma afferma che per gioire interamente della vita, la libertà dai condizionamenti passati è assolutamente necessaria. Infatti, ci sono molte scelte a nostra disposizione in ogni situazione difficile della vita. Quando siamo a faccia a faccia con una situazione critica, la nostra abilità di prendere la decisione giusta è inibita perché il condizionamento passato ostacola la nostra capacità di fare buon uso delle alternative disponibili.

A causa dei nostri condizionamenti, siamo inclini a reagire in un certo modo o secondo un particolare schema. Per la maggior parte del tempo, non siamo consapevoli di quello che stiamo facendo o di quello che stiamo dicendo. Dunque, anziché

Le catene dei condizionamenti

rispondere coscientemente alle situazioni della vita, proponiamo reazioni meccaniche. Quando qualcuno ci elogia, ci sentiamo felici e possiamo perfino dire: "Che simpatica persona!" ma se un altro ci critica, diventiamo diffidenti. Quando qualche persona ci insulta o si arrabbia con noi, noi in risposta ci turbiamo e ci arrabbiamo.

Sviluppare condizionamenti positivi

Un condizionamento positivo ci aiuta a manifestare buone qualità in modo spontaneo. Prendiamo l'esempio della ripetizione del mantra.

All'inizio, non sappiamo niente sul mantra. Non siamo neppure consapevoli della nostra ignoranza sul mantra. Poi veniamo a sapere che c'è qualcosa chiamato "mantra". Da un Guru[2] possiamo imparare che cosa sia un mantra, ricevere un'iniziazione al mantra, e comprendere il metodo di ripeterlo e praticare. Negli stadi iniziali dimenticheremo di ripetere il mantra regolarmente poiché non abbiamo l'abitudine di recitarlo. Dovremo allora fare uno sforzo consapevole o deliberato per ripetere il mantra.

Dopo aver ripetuto regolarmente il mantra per un lungo periodo, esso diviene naturale come il nostro respiro. Non dobbiamo neppure più pensare di dover ripetere il mantra: esso continua senza nessuno sforzo o decisione deliberata da parte nostra, indipendentemente da dove siamo o da quello che stiamo facendo. È diventato un processo automatico. Ecco come coltivare un'abitudine o una disciplina nella nostra vita.

Per la maggior parte di noi, qualità negative come rabbia, impazienza e gelosia ricorrono spontaneamente senza alcuno sforzo. Al loro posto, dobbiamo imparare a manifestare qualità

---

[2] Maestro. In questo libro, *Guru* è usato come sinonimo di *Satguru*, o Vero Maestro, colui che ha realizzato il Sé.

ammirevoli come amore, compassione, pazienza, gentilezza, ecc. Abbiamo bisogno di una pratica e di sforzi continui e regolari per fare ciò. In un Maestro come Amma, queste qualità positive si manifestano spontaneamente.

Molti devoti di Amma esibiscono spontaneamente già alcuni buoni comportamenti, come usare il mantra "Om Namah Shivaya" per salutare altri devoti. Alcuni devoti salutano perfino i loro colleghi d'ufficio e altri amici dicendo "Om Namah Shivaya".

Si possono vedere i devoti prostrarsi prima di sedere di fronte ad Amma. Questa abitudine è diventata così naturale che essi si prostrano prima di sedersi anche se Amma non è in sala o quando si siedono per mangiare, parlare, o leggere, etc.

È ben noto che i Mahatma manifestano spontaneamente tutte le qualità divine. Molti anni fa, vidi Amma dimostrare questa spontaneità divina in un modo eccezionale. Verso la fine del Devi Bhava, entrò nel tempio Dattan, un lebbroso dalla pelle lacerata in tutto il corpo e col sangue e il pus che trasudavano da molte delle sue ferite. Non appena lo vidi, fui travolto da un immediato sentimento di avversione e paura di infezione. La mia istantanea reazione fu di alzarmi e correre fuori dal tempio. La risposta spontanea di Amma fu di alzarsi dal Suo sedile e precipitarsi verso Dattan per abbracciarlo. Ella non aspettò di pensare se avrebbe dovuto indossare guanti e mascherina prima di abbracciarlo. Tale fu la spontanea espressione delle Sue qualità divine.

Capitolo 3

Spezzare le catene dei condizionamenti

Imparare dalle avversità

Se riusciamo a superare i nostri condizionamenti negativi, le avversità possono rinforzarci. Amma non si perse d'animo quando attraversò momenti difficili a causa dei Suoi genitori, degli abitanti del villaggio e dei parenti, ma utilizzò quelle avversità per comprendere la natura del mondo e la superficialità dell'amore terreno. I Suoi genitori e parenti consideravano il Suo comportamento e la Sua costante adorazione del Signore come una cosa eccentrica e agivano di conseguenza. Sebbene Amma fosse gentile con tutti, raramente riceveva amore e affetto da qualcuno. Amma, anziché cercare amore e comprensione dagli altri, diresse il Suo cuore e l'anima verso Dio. Imparò a non aspettarsi niente da nessuno, continuando a fare il Suo dovere e lasciò che Dio si prendesse cura del resto. Nonostante le tribolazioni che dovette soffrire per mano degli altri, l'amore di Amma per loro non diminuì, grazie alla Sua chiara comprensione della natura interessata ed egoistica degli esseri umani.

Amma sa che l'amico di oggi può diventare un nemico domani e che un nemico può trasformarsi in un amico, pertanto l'amore e la compassione di Amma per quelli che La elogiano e per quelli che La criticano restano gli stessi.

Infatti, molte persone che crearono problemi all'ashram e ad Amma nei primi anni sono oggi i beneficiari di vari progetti caritatevoli di Amma. Molte di quelle persone adesso stanno aiutando Amma a portare avanti le Sue attività di servizio.

Si dice che l'esperienza è il migliore maestro: per quanto a lungo restiamo alla presenza di un Guru, non possiamo fare progressi spirituali senza imparare dalle nostre esperienze. Amma fa l'esempio di un maestro di nuoto. Mentre stiamo imparando a nuotare, ad un certo punto il nostro insegnante ci lascerà andare e ci costringerà a nuotare da soli per instillare confidenza e coraggio in noi, così che impariamo a nuotare autonomamente. In modo simile, a volte, Dio o il Guru possono darci prove e tribolazioni affinché sviluppiamo le nostre abilità e la nostra forza e impariamo a fare le scelte giuste.

L'incapacità di prendere la decisione giusta o di fare la scelta adeguata, non solo ci priva delle migliori opportunità nella vita, ma crea anche emozioni negative, che nel dovuto corso saranno causa di molto stress e tensione. Vorrei illustrare questo punto con un piccolo incidente accaduto nei miei primi tempi con Amma. Era il periodo in cui Amma era solita apparire in Krishna Bhava, a cui faceva seguito il Devi Bhava. Un gruppo di brahmachari cantava durante il Krishna Bhava e un altro durante il Devi Bhava.

Due di noi avevano appena imparato a suonare le *tabla* (uno strumento a percussione usato spesso nella musica indiana). Durante questo stadio iniziale d'apprendimento della tabla, eravamo entrambi desiderosi di suonare il più possibile e di alternarci suonando per Amma.

In quei tempi, c'erano solo pochi brahmachari e Amma spesso chiamava uno o due di noi dandoci l'opportunità di meditare seduti vicino a Lei. Un giorno, durante il Devi Bhava, era il mio turno di suonare le tabla. Prima di suonare, andai al darshan pensando di ritornare immediatamente a suonare, però, quando fui là, Amma mi chiese di sedere al Suo fianco e di meditare. Ero in un dilemma. Volevo suonare le tabla, e tuttavia si presentava l'opportunità di sedere e meditare vicino ad Amma. Non volli disobbedirLe e così mi misi seduto.

Quando cominciai a meditare, iniziarono anche i *bhajan* (canti devozionali), e il brahmachari che aveva già suonato prima ricominciò a suonare le tabla. Ero così agitato e turbato! Mi arrabbiai molto con lui. Come osava prendere il mio posto? Ma non potevo alzarmi e affrontarlo, dal momento che Amma mi aveva chiesto di sedere vicino a Lei.

Anziché meditare, nella mia mente stavo avendo un vero litigio con l'altro brahmachari. Passò quasi mezz'ora. Sebbene io avessi gli occhi chiusi, non stavo meditando. Improvvisamente udii qualcuno dare dei colpetti sulla mia testa come se suonasse le tabla. Aprii gli occhi: era Amma. Amma mi domandò cosa stessi facendo. Prima che potessi rispondere alla Sua domanda, mi chiese di andare a suonare le tabla. Ella sapeva che stavo pensando soltanto alle tabla e che ero irritato con l'altro brahmachari. Non c'è migliore atmosfera per la meditazione che sedere vicino ad Amma durante il Devi Bhava, ma a causa delle mie emozioni negative, sprecai l'opportunità.

Se Amma avesse affrontato la stessa situazione, le cose sarebbero state completamente differenti. Amma avrebbe fatto una scelta diversa. Si sarebbe concentrata sulla meditazione piuttosto che preoccuparsi per le tabla o arrabbiarsi con qualcuno.

C'è qualcosa da imparare da ogni esperienza della vita, sia si tratti di un'esperienza piacevole sia di una spiacevole. Questo è il vantaggio di avere una nascita umana caratterizzata dalle qualità innate d'intelligenza e discernimento. Se guardiamo la vita di Amma, vediamo che, ogni qualvolta accadeva un incidente triste o apparentemente sfortunato, Ella non solo imparava una lezione da esso, ma vi vedeva anche un'opportunità per avvicinarsi a Dio.

Anche nel periodo che precedette la creazione dell'ashram Amma era ben conosciuta per il Suo duro lavoro: Ella lavorava dalle quattro del mattino ininterrottamente fino alle 11 di sera o addirittura a mezzanotte. Oltre al grave carico di lavoro in casa Sua, molto spesso Amma era mandata anche a casa dei Suoi parenti ad aiutarli nelle faccende domestiche. Alcune di queste case erano lontane dalla casa di Amma. Per un breve periodo i Suoi genitori Le diedero il denaro per viaggiare in barca lungo i canali. Ella amava molto viaggiare in battello e cantava "Om" seguendo il suono del motore. Guardando le increspature sulla superficie dell'acqua, dimenticava completamente Se stessa. Ogni momento della Sua vita era usato per unirsi Dio.

In seguito, i genitori di Amma decisero di non darLe più il denaro. Le dissero: "Devi camminare. Non possiamo più spendere soldi per la barca." Amma non si turbò. Ella disse: "Bene, allora andrò a piedi." Doveva camminare per otto o dieci chilometri, ma apprezzava la camminata ancor di più che il giro in battello. Le ci voleva almeno tre volte il tempo che le prendeva il viaggio in barca, ma era felice perché poteva restare sola per un così lungo tempo. Poteva camminare in solitudine lungo la spiaggia o lungo i canali, ed era in grado di recitare più mantra e più preghiere. In questo modo utilizzò questa situazione apparentemente negativa a Suo vantaggio.

Nelle nostre vite accadono molte situazioni simili e, se utilizziamo davvero il nostro discernimento, possiamo usarle a nostro vantaggio. Per noi non è possibile decidere quali esperienze avere o non avere: ciò è al di fuori del nostro controllo. La nostra saggezza o capacità sta nel trarre vantaggio da ogni situazione.

C'era una donna che aveva molti problemi sia al lavoro sia a casa. Ogni volta che qualcosa andava male al lavoro, immediatamente lei estraeva una foto dalla sua borsa e la guardava intensamente per un po' di tempo. Dopo aver ritrovato la calma, riprendeva pacificamente il lavoro. Dopo aver osservato ciò per qualche giorno, una delle sue colleghe le chiese: "Chi c'è in quella

foto? Come fa a darti così tanta forza e calma? È il tuo maestro spirituale, il tuo attore preferito, o un giocatore di baseball?"
"No, no. È la foto di mio marito," rispose la donna.
"Oh! È davvero meraviglioso. Non sapevo che nutrissi tanto amore per tuo marito," replicò la collega.
"No," disse la donna, "è solo che ogni volta che arriva un problema e incomincio a perdere la calma, mi basta guardare questa foto e ogni altro problema mi sembra insignificante. Paragonato a lui, ogni problema è risolvibile." In breve, questa donna era in grado di mantenere le cose in giusta prospettiva e ricavare forza da una situazione avversa.

Addomesticare l'elefante selvaggio

Nei primi tempi, quando incontrammo Amma, noi non sapevamo come ci si deve comportare con un Guru o come rispettarLo. Soltanto dopo aver iniziato a studiare le Scritture incominciammo a capire la grandezza del Guru e il codice di condotta richiestoci nel nostro rapporto con il Guru. Prima di allora non avevamo modo di sapere qualcosa sulla grandezza del Guru, perché Amma non ce ne parlava mai.

Ella non diceva mai: "Dovete rispettarmi," oppure "dovete prostrarvi davanti a Me," o ancora "dovete comportarvi in questo e questo modo in Mia presenza." Sebbene avessimo bisogno di sentircelo dire, Ella non lo diceva mai. Talvolta Le disubbidivamo e ci comportavamo in modo irrispettoso dimostrandoLe perfino un po' della nostra collera. Ma Amma, grazie alla Sua compassione e comprensione, ci accettava con le nostre negatività. Anche se commettevamo qualche errore o Le disobbedivamo, Ella sorrideva semplicemente e manteneva la calma e non cercava di imporre alcuna disciplina su di noi. Più tardi, quando realizzavamo i nostri errori, andavamo da Lei e Le chiedevamo scusa.

Un giorno Amma disse qualcosa che non volevo accettare e cominciai a discutere. Quando qualcuno discuteva con Lei o Le disobbediva, generalmente non obiettava. In quel particolare giorno, invece, Amma iniziò a discutere con me, cosa che mi sorprese. Ella disse: "No, quello che hai detto non è corretto." Ma io non ero dello stato d'animo di cedere. Alla fine stavo gridando con tutto il fiato. Allora improvvisamente Amma si alzò e andò nella Sua stanza. Io non volevo chiudere la discussione perché volevo essere certo di aver vinto. Così mi alzai e La seguii. Ella andò nella Sua stanza e chiuse la porta, ma non completamente, sedette e cominciò a meditare. Io non potevo continuare la mia discussione. Aspettai fuori, pensando che Amma sarebbe uscita dalla Sua stanza dopo poco e che avrei continuato da dove avevo interrotto. Aspettai per quindici minuti, ma non accadde nulla. Quarantacinque minuti dopo, Amma non era ancora uscita, stava ancora meditando. Io non ebbi la pazienza di attendere ancora e inoltre non volevo disturbare Amma mentre stava meditando, così pensai che avrei continuato più tardi.

Amma uscì dalla Sua stanza soltanto due ore e mezzo dopo. Ma in quel momento ero impegnato con qualche lavoro e dovevo andare in una città vicina. Continuavo a pensare che quello che avevo detto ad Amma era giusto e che volevo provarlo. Anche se la mia mente era piena di rabbia ed arroganza, non potevo fare a meno di essere sorpreso da come, perfino dopo una tale accesa discussione, Amma era riuscita a meditare come se non fosse accaduto niente.

Lentamente e fermamente, l'amore con la sua infinita pazienza ebbe la meglio sulla mia rabbia, e la mia mente si calmò. Passarono quasi due settimane prima che io avessi l'occasione di trovarmi di nuovo con Amma. Mi scusai per il modo in cui mi ero comportato e dissi: "Amma, dopo l'animata discussione Tu sei andata nella Tua stanza e Ti sei immersa in meditazione. Io, invece, ho lottato per dieci giorni per essere in grado di meditare. Non appena chiudevo gli occhi, la sola cosa a cui potevo pensare era come batterTi in quella disputa. Ho meditato su questo per dieci giorni! Non potevo ripetere in pace nemmeno un solo mantra. Come hai fatto a meditare immediatamente dopo quella lite come se nulla fosse successo?"

Amma rispose: "Non appena ho capito che era uno spreco di tempo discutere con una vana persona come te, la mia mente si è interiorizzata. Mi è bastata una frazione di secondo per andare all'interno."

Per quello che riguarda me, perfino dopo dieci giorni, non mi ero ancora reso conto che la meditazione era disturbata dalla mia stessa negatività. Talvolta ci vogliono molti anni per realizzare questo, talvolta molte vite. Un Maestro ce lo fa comprendere in breve tempo.

Amma dice che la rabbia è come un coltello senza impugnatura: ferisce sia la persona aggredita, sia l'aggres-sore. Conosciamo molto bene i cattivi effetti della rabbia, sul nostro corpo e sulla nostra mente, come pure sulla nostra famiglia e, in più larga scala, sulla società. La rabbia libera molti ormoni distruttivi nel nostro corpo. Il corpo intero brucia come in fiamme e ciò causa distruzione nel nostro sistema immunitario. Quello che forse non sappiamo, tuttavia, è come la collera si aggiunga alla nostra catena di karma e impedisca alla grazia di Dio di arrivare a noi. Quando l'ego è ferito, la nostra immediata reazione è di arrabbiarci. In preda alla rabbia diciamo molte parole e compiamo azioni senza discernimento. Con tali parole e azioni possiamo anche ferire una persona innocente. Amma dice che quando ci arrabbiamo con una persona innocente, questa può perfino supplicare Dio: "O Dio, non ho fatto nulla di male. Perché sono trattato in questo modo?" Le vibrazioni di questi sentimenti di dolore ci raggiungeranno certamente oscurando la nostra aura proprio come della fuliggine oscura un vetro. Proprio come la luce del sole non penetra attraverso il vetro annerito dal fumo, queste impressioni impediranno alla grazia di Dio di raggiungerci. Amma dice inoltre che, quando ci arrabbiamo, perdiamo energia attraverso ogni poro del nostro corpo. In questo modo, una gran quantità di energia spirituale guadagnata a fatica viene dissipata inutilmente.

Supponiamo che abbiamo l'abitudine di arrabbiarci con le persone. Quando si presenta l'opportunità, cerchiamo di non arrabbiarci. Coltivando consapevolezza e pazienza, lentamente possiamo superare la collera.

Nel cercare di trascendere la collera, per prima cosa educhiamo la mente a riconoscere gli aspetti negativi della rabbia. Poi osserviamo come la collera si manifesta nelle varie situazioni. Soltanto per il fatto di osservarla, come un osservatore separato e distinto, stiamo già allentando la sua presa su di noi. Finché ci identifichiamo con le nostre emozioni come collera, lussuria e paura, non saremo mai capaci di portarle sotto il nostro controllo; abbiamo bisogno di creare uno spazio tra le emozioni della nostra mente e noi stessi.

Proprio come domiamo un elefante selvaggio o un nuovo cavallo, possiamo per prima cosa cercare di domare le espressioni della collera nelle nostre parole e azioni. Più avanti potremo osservare il modo in cui la rabbia ha origine nella mente, e restare come testimoni del sorgere e cessare della collera in noi. Osserveremo la collera proprio come una persona sulla spiaggia guarda le onde dell'oceano che si alzano e si abbassano. Alla fine verremo completamente liberati dalle sue dannose influenze.

Emozioni mutevoli, amore immutabile

Spesso, Amma esprime emozioni umane giusto per farci sentire vicini a Lei. Amma può versare lacrime ascoltando il problema di un devoto, ma l'attimo successivo, starà ridendo, condividendo la gioia di un altro devoto. Supponiamo che Amma stia piangendo mentre ascolta le pene di un devoto. Il devoto seguente che viene al darshan dice ad Amma: "Oggi è il mio compleanno." Se Amma continuasse a piangere, come si sentirebbe il devoto che festeggia il compleanno? Dunque per ogni persona che viene al darshan, Amma agisce come uno specchio, riflettendone lo stato mentale. Amma può esprimere collera verso qualcuno per i suoi errori, ma il momento dopo, può abbracciare la stessa persona, mentre invece per noi possono essere necessari giorni per abbracciare una persona con la quale siamo veramente arrabbiati. Amma può cancellare e sostituire le emozioni nella Sua mente come e quando vuole. Ella ha la matita per scrivere qualcosa nella Sua mente e la gomma per cancellarla.

Possiamo pensare che quando Amma è arrabbiata o delusa, non Le piacciamo. Non è vero. Ella dice semplicemente quello che deve essere detto per la nostra stessa crescita spirituale e passa oltre. Ella non trattiene in Sé la collera. Le emozioni di Amma sono proprio come una linea disegnata sull'acqua. Quanto a lungo durerà una linea tracciata sull'acqua? Tuttavia, desidero chiarire che, anche se Amma non ha attaccamento verso le proprie emozioni, questo non significa che Lei non ci ami o non Le importi di noi.

Non appena una persona ha avuto il darshan, Amma è già pronta a ricevere le emozioni della successiva. L'amore di Amma è come l'oceano, e tutte le emozioni che Ella esprime sono soltanto onde, schizzi e schiuma. In essenza si tratta sempre di acqua, ma in una forma e stato diversi. Allo stesso modo, sotto ad ogni azione e ogni parola di Amma c'è puro amore. È possibile anche per noi raggiungere quello stato, ma ciò richiede una tremenda pratica, vigilanza e consapevolezza.

Se noi siamo dominati dalle nostre emozioni, non possiamo aiutare una sola persona – non possiamo neppure aiutare noi stessi. Quando siamo in grado di trascendere le nostre emozioni e la nostra negatività, allora possiamo aiutare molti altri.

Capitolo 4

L'amore di Amma

Lo scopo della vita di Amma

Quando Amma era molto giovane, era solita andare nelle case dei vicini, per raccogliere i resti del cibo avanzato (soprattutto bucce di tapioca) per le mucche della Sua famiglia. Scoprì che in molte case i bambini non avevano abbastanza da mangiare e dormivano in posizione fetale a causa della fame. In altre case, trovò che gli anziani erano completamente trascurati dai loro figli; molte persone erano ammalate, senza denaro per le cure adatte.

Quando Amma vide queste miserie, si arrabbiò molto con la Natura. Come rivalsa per tutte le sofferenze del mondo, Ella voleva consumare Se stessa nella morte a poco a poco.

Poi una voce interiore Le disse che se le persone soffrono, è a causa del loro destino, che è il risultato delle loro azioni passate. La voce continuò: "Lo scopo della Tua nascita non è quello di porre fine al Tuo corpo in questo modo. Ci sono milioni di persone che hanno bisogno del Tuo aiuto e guida. La Tua vita è per servirli. Servendo loro Tu stai servendo Me (la Verità Suprema)."

Amma riconobbe: "Se il loro destino è soffrire, è Mio dovere aiutarli."

L'amore di Dio in un corpo umano

"Lei è qui di fronte a noi, l'amore di Dio in un corpo umano."

– Dott.sa Jane Goodall, consegnando ad Amma il Premio Gandhi-King per la Non-Violenza nel 2002.

Molti anni fa, subito dopo che mi ero unito all'ashram, uno dei residenti dell'ashram fu trovato a rubare. Informammo Amma, ma Lei non fece nulla. Dopo qualche mesi la stessa persona fu sorpresa a rubare di nuovo e, ancora una volta, Amma ignorò la cosa. Alcuni di noi si arrabbiarono per questo e vollero discutere il problema con Amma.

Io ero veramente turbato alla prospettiva che questo ragazzo rimanesse all'ashram più a lungo. Sapevo che se avessi parlato ad Amma di lui, Lei lo avrebbe difeso, visto il Suo amore e la Sua compassione, e quindi io avrei potuto ribattere poiché non ero d'accordo con Lei. Dunque scrissi una lettera ad Amma, dicendoLe che, se non avesse allontanato il ragazzo dall'ashram, avrei potuto andarmene io.

Dopo aver letto la lettera, Amma mi chiamò e disse: "Tu puoi essere una brava persona, sapere ciò che è giusto e ciò che è sbagliato e se lo desideri puoi andare in qualche altro ashram a fare le tue pratiche spirituali, ma questo povero ragazzo non sa cos'è giusto e cos'è sbagliato. Se non gli dono amore e una giusta guida, e non lo correggo amorevolmente, chi altri lo aiuterà? Potrebbe perfino finire in prigione. Io lo terrò qui anche se tutti voi lascerete l'ashram."

Quando il ragazzo che era stato sorpreso a rubare udì ciò, le lacrime gli rotolarono sulle guance. Da quel momento si trasformò e non rubò mai più.

L'amore di Amma

L'amore divino e la compassione di Amma ci rinforzano e ci nutrono donando chiarezza alla nostra mente mentre in Sua presenza ci rilassiamo. Con la forza di quest'amore molti sono in grado di superare le loro dipendenze, attaccamenti, preoccupazioni e problemi. Il vero amore non respinge nessuno. Accetta chiunque. Amma dice: "Per Me rifiutare qualcuno equivarrebbe a rifiutare il Mio stesso Sé, poiché non sono separata da nessuno e nessuno è separato da Me." Dunque Amma può soltanto amare tutti. Ella non può odiare nessuno.

Proprio come la luce e il calore sono la natura del sole, l'amore e la compassione di Amma sono la natura dei Grandi Maestri. Dipende da noi quale uso fare di questo amore. La natura del fiume è di scorrere. Noi possiamo bere l'acqua del fiume, bagnarci in esso, sedere sulla riva e godere la fresca brezza, o anche sputarci dentro. Il fiume non ci bada. Continua solo a scorrere. Allo stesso modo, Amma continua soltanto a dare e dare.

Si dice che alla presenza di una persona che è stabilita nell'amore supremo, perfino gli animali che sono ostili e feroci verso le altre creature e gli altri esseri, rinuncino alla loro aggressività e rimangano calmi.

Molti anni fa, uno dei cani che stavano con Amma divenne idrofobo. Corse via dall'ashram e morse numerose persone. Quando alcune persone cominciarono a dargli la caccia per ucciderlo, entrò in qualche modo nell'ashram. La sua bocca schiumava come accade ad un cane idrofobo. La gente gridava: "È un cane con la rabbia, uccidetelo, uccidetelo!" Alcune persone cominciarono a scappare a distanza di sicurezza.

Io gridai: "Non correte, non correte, non c'è bisogno di preoccuparsi! Se ne occuperà Amma", ma temendo per la mia personale sicurezza, ero tra quelli che stavano correndo! Continuai a correre il più lontano possibile.

Sentendo l'agitazione, Amma uscì dalla Sua capanna. In un momento si rese conto di quello che stava succedendo. Ella andò verso il cane chiamandolo: "Mon, mon!" che significa, "Figlio, figlio!"

Alcuni di noi gridarono ad Amma: "Ti prego va' via, il cane è idrofobo, Ti morderà!" Amma non diede ascolto ai nostri avvertimenti, continuò a camminare in direzione del cane. Contrariamente alle nostre aspettative, il cane rimase immobile come ipnotizzato, e Amma cominciò ad accarezzarlo. Chiese che Le portassero del cibo dalla cucina. La persona che portava il cibo aveva paura di avvicinarsi al cane. Portò il cibo e lo porse ad Amma da una certa distanza. Amma prese il cibo e nutrì il cane con le Sue mani e poi mangiò il cibo rimasto, inzuppato della saliva del cane.

Tutti noi fummo invasi dal terrore nel vedere quello che faceva Amma. Temevamo che s'infettasse con la rabbia, ma Amma ignorò i nostri ammonimenti e ansietà. Noi tutti insistemmo che facesse una vaccinazione antirabbica ma Ella non volle e non la fece. Sorprendentemente, ad Amma non successe nulla, anche se il cane morì dopo pochi minuti, chiara prova che era idrofobo.

Io ero completamente sopraffatto da quello che avevo visto. Ero molto curioso di sapere perché Amma avesse mangiato i resti del cibo del cane. Quando la interrogai in proposito, la Sua risposta mi fece venire le lacrime agli occhi. Affermò che mangiando i resti del cibo del cane, aveva messo fine al rimanente karma del cane in modo definitivo, prendendolo su di Sé, e quindi l'anima del cane era liberata da future nascite. Il cane rabbioso era stato capace di sentire l'amore di Amma ed era rimasto quieto.

Perfino i nostri cosiddetti amici e parenti non sanno amarci come Amma. Amma spiega: "Se facciamo cento cose buone e una cattiva, la gente ci respingerà. Ma Amma vi accetterà anche se fate cento cose cattive e niente di buono."

Per illustrare l'amore limitato dei nostri parenti e amici, c'è la storia dei due escursionisti che erano grandi amici. Mentre stavano facendo un'escursione, essi videro un orso enorme che stava per attaccarli. Uno di loro aprì velocemente lo zaino e tirò fuori un paio di scarpe da corsa. Cominciò a togliersi gli stivali e cambiarsi le scarpe quando il suo compagno disse: "Ehi, non correrai mai più veloce dell'orso. A che cosa ti serve metterti le scarpe da corsa?" L'escursionista con le scarpe da corsa rispose: "Chi ha detto che devo correre più veloce dell'orso? Mi basta correre più veloce di te!"

Questo è un esempio dell'amore terreno. Quando la nostra vita è in pericolo, noi non ci preoccupiamo più per i nostri cari e vicini: nessuno di noi sarà disposto, infatti, a dare la propria vita in cambio di quella di un amico che sta morendo.

Ecco perché Amma dice: "Non aspettatevi niente dal mondo e dalle persone del mondo perché l'amore altruistico è molto raro." Avere delle aspettative porta alla delusione e alla frustrazione. È folle aspettarsi un amore eterno e puro da un mondo effimero ed egoista.

Benevolenza

Adveṣṭā sarva bhūtānām maitraḥ karuṇa eva ca
nirmamo nirahamkāraḥ samaduḥkhasukhaḥ kṣamī

Amichevole e compassionevole con tutti e senza alcuna traccia di odio; privo di senso del possesso e arroganza; sempre contento e contemplativo; equanime nella felicità e nella infelicità;
una persona con tali qualità Mi è cara.

Bhagavad Gita, Capitolo XII, Verso 13

Un giorno una nuova devota avvicinò Amma con un problema. Ella disse ad Amma: "Amma, Tu dici sempre d'amare tutti. Sfortunatamente, io non riesco a farlo. Io non sono capace d'amare nessuno con tutto il cuore. Che cosa posso fare?"

Amma dolcemente rispose: "Figlia, non preoccuparti se non sei capace di amare tutti, almeno cerca di non nutrire alcun odio per nessuno. Ciò ti porterà lentamente allo stato di amare uno e tutti."

La devota più tardi esclamò: "Ho fatto questa domanda a molte persone e anche a qualche psicologo. Nessuno ha saputo darmi una risposta soddisfacente e pratica. Quando Amma mi ha dato la Sua, immediatamente il mio cuore è stato alleviato di un gran peso."

Maitri – o benevolenza verso tutti gli esseri – è un'importante caratteristica di un vero devoto. Abbiamo già visto che un buon devoto non nutre odio verso nessun essere al mondo. Con la parola "maitri", il Signore Krishna rende chiaro che il marchio di un vero devoto non è soltanto l'assenza di odio, ma anche un positivo e vibrante sentimento di benevolenza e fraternità verso tutti gli esseri, poiché un tale devoto vede davvero il Signore in tutto il creato.

Lo *Srimad Bhagavatam*[3] dice che colui che adora il Signore soltanto nella forma dell'immagine del Signore è un devoto primitivo. Un vero devoto adora e serve il Signore vedendoLo nell'intero creato. La disposizione amichevole di un devoto verso tutti gli esseri nasce da vero amore. È spontanea e gli viene naturale.

D'altra parte, la gentilezza che vediamo comunemente nel mondo è influenzata da attrazioni e repulsioni ed è di solito limitata da considerazioni di casta, credo, ricchezza, status sociale, ecc.

---

[3] Lo *Srimad Bhagavatam* descrive in dettaglio le vite di 10 incarnazioni del Signore Vishnu, specialmente quella di Krishna e della sua giocosa infanzia. Sostiene la supremazia della devozione. *Srimad* significa "di buon auspicio".

È basata soprattutto sull'egoismo e su interessi reciproci. Propositi di guadagno personale sono il motivo dietro alla gentilezza del mondo. Sebbene la maggior parte degli uomini d'affari possa mostrarsi amichevole e premurosa verso i clienti, ciò è soltanto una messa in scena esteriore. Queste persone si comportano così tenendo a mente i profitti che riceveranno dai loro clienti. Non appena pensano che non c'è più molto vantaggio nel mostrarsi amichevoli con un particolare cliente, il loro entusiasmo diminuisce e tutta la loro amicizia si dissolve.

Mi ricordo una storia che rivela la natura del tipo di benevolenza che generalmente vediamo oggi nel mondo. Una volta un ragazzo ricevette un cesto pieno di pomodori da sua madre, che gli chiese di venderli al mercato. Gli fu anche detto a quale prezzo venderli. Mentre stava vendendo i pomodori, i suoi amici vennero a comprarli da lui, ed egli fece loro uno sconto speciale. La sera il ragazzo tornò a casa, dopo aver ottenuto un buon profitto. Sua madre, che era venuta a sapere dello sconto speciale che suo figlio aveva fatto ai suoi amici, gli chiese: "Come hai fatto a fare comunque un così buon guadagno?"

Il ragazzo rispose: "Ho dato loro i pomodori ad un prezzo più basso del normale perché sono miei amici e in cambio, ho tolto alcuni pomodori dalla bilancia perché io sono loro amico."

La benevolenza che un devoto sente per gli altri è universale e non corrotta da alcuna considerazione egoistica. In uno dei suoi poemi, il Grande Maestro Adi Shankaracharya[4] elaborò questo concetto come segue: "Shiva e Parvati sono i miei genitori, tutti i devoti del Signore i miei parenti, e i tre mondi la mia terra nativa." Tulsidas, ben conosciuto per il suo *Ramayana* in Hindi, ha inoltre detto: "Non ci sono caste alte e basse tra i devoti. Un

---

[4] Adi Sankaracharya era un Mahatma che ristabilì la supremazia della filosofia *Advaita* della non-dualità in un periodo in cui il Sanatana Dharma era in declino.

devoto del Signore è veramente un brahmino, anche se è nato in una casta bassa." C'era una profonda amicizia tra il grande re e dio Rama e Guha, il barcaiolo. Anche il Signore Krishna, nato da una famiglia reale, e Sudama, un povero brahmino, erano intimi amici. Questi esempi ci dimostrano che la benevolenza delle grandi anime supera le strette divisioni.

Un vero devoto del Signore, con la sua mera presenza, diffonde vibrazioni d'amore e benevolenza tutto intorno. Tale benevolenza non è limitata agli esseri umani ma abbraccia l'intero creato.

Uno degli ashram fondati da Adi Shankaracharya si trova nel Sud dell'India in un luogo chiamato Sringeri, sulla riva del fiume Tunga. C'è una leggenda dietro quest'ashram. Una volta Adi Shankaracharya raggiunse Sringeri durante i suoi viaggi in lungo e in largo per il paese. Camminando sulla riva del fiume Tunga, fu improvvisamente sorpreso da una scena insolita.

Un cobra stava usando il suo cappuccio aperto per proteggere una rana gravida dal bruciante calore del sole. Adi Shankaracharya sedette immediatamente in meditazione con lo scopo di scoprire la causa di questa sorprendente scena. Egli comprese che una volta, in quel luogo, era vissuto un grande saggio. Il saggio amava tutti gli esseri ed amava gli animali selvaggi, i serpenti e gli uccelli come fossero i suoi figli. Grazie all'influenza della sua santa presenza, l'ostilità tra animali che erano nemici naturali era scomparsa ed era stata rimpiazzata da un sentimento d'amore e benevolenza. La grandezza del *rishi* (saggio) era tale che, secoli dopo, questa benevolenza continuava a prevalere.

Come è profondamente vero l'aforisma del saggio Patanjali:

ahimsā pratisthāyām tat sannidhau vairatyāgah

In presenza di Colui che è stabilito nella non-violenza, ogni inimicizia scompare.

L'amore di Amma

La vita di Amma è una splendente illustrazione di questa maitri universale. Personificazione delle qualità materne universali, Ella ama perfettamente ognuno – ricco o povero, giovane o vecchio, ammalato o sano – senza alcuna distinzione. L'amore di Amma è così spontaneo e naturale che ognuno sente che Amma gli appartiene. Nessuno è uno straniero per Lei; perfino il peggiore dei peccatori e la persona dal cuore più duro, sono toccati dall'amore che tutto travolge e dalla benevolenza di Amma.

Alcuni anni fa, fu celebrato un festival in un famoso tempio del Kerala. Improvvisamente, scoppiò uno scontro tra due gruppi di persone e l'intero edificio del tempio divenne un campo di battaglia. Fu imposto un coprifuoco e la polizia dovette intervenire con la forza per disperdere la folla. In quell'operazione molte persone rimasero ferite.

Un vecchio ufficiale di polizia, molto duro e violento, picchiò tante persone senza pietà. In una successiva occasione, egli svolse il suo incarico di sicurezza durante l'inaugurazione dell'Istituto Amrita di Scienze Mediche e Centro di Ricerca, l'ospedale di Amma a Kochi, in Kerala. Poiché prendevano parte all'evento il Primo Ministro dell'India, il Governatore del Kerala e molti altri dignitari, le misure di sicurezza in loco erano applicate al massimo. Quest'ufficiale di polizia non aveva mai visto Amma di persona prima di allora, né era un devoto. Egli si trovava lì solo per il suo compito ufficiale.

Non appena vide Amma, dimenticò ogni protocollo, buttò via il berretto, si tolse le scarpe e cadde ai piedi di Amma. Normalmente, un ufficiale di polizia non compie cose simili alla presenza dei suoi superiori, senza averne almeno ottenuto il permesso. Quest'uomo non seguì alcun protocollo. Tale fu l'impatto della presenza di Amma su di lui. Egli non aveva nessun retroterra spirituale ed era ben conosciuto per il suo comportamento violento. Se un ufficiale di polizia così duro può sentire l'amore e la compassione di Amma a prima vista e subire una tale trasformazione, per noi dovrebbe essere più facile.

L'amore di Amma non è confinato soltanto all'umanità ma abbraccia l'intero mondo animato. Durante il periodo della sua intensa *sadhana* (pratica spirituale), cani, gatti, mucche, capre, serpenti, scoiattoli e uccelli cercarono la Sua compagnia e diventarono Suoi amici intimi. Quando parenti e amici l'avevano abbandonata e si opponevano fermamente alla Sua vita spirituale, furono proprio questi animali che Le rimasero sempre vicino, indifferenti al bello o al brutto tempo, e Le resero il loro servizio.

Quando Amma era affamata, un cane Le portava qualcosa da mangiare, o le aquile lasciavano cadere del pesce nel luogo in cui Amma si trovava. Un giorno, dopo una lunga meditazione Amma si sentì molto assetata. Quando aprì gli occhi, una mucca Le era vicino in una tale posizione da consentirLe facilmente di bere il latte dalle sue mammelle. In verità, la mucca era stata vista correre da una casa che si trovava a circa sei chilometri di distanza. Quando Amma restava troppo a lungo nello stato di *samadhi* (uno stato trascendentale in cui si perde ogni senso di identità individuale), i serpenti si arrotolavano intorno al Suo corpo per riportare la Sua consapevolezza sul piano normale. Quando Amma cadeva inconscia pregando intensamente la Devi, un cane si strofinava contro il Suo corpo e Le leccava il volto e gli arti per rianimarLa.

Quando Le si domandò di commentare episodi simili, Amma disse: "Se una persona si libera da tutti gli attaccamenti e le avversioni e raggiunge una visione equanime, allora perfino gli animali ostili diventano amichevoli verso di lei."

Ancora oggi vediamo spesso animali e uccelli che dimostrano sentimenti d'amicizia e intimità per Amma.

La *maitri* e la totale identificazione di Amma con l'intero creato sono ampiamente rivelate da ciò che spesso Amma dice ai

Suoi figli: "Amare veramente Amma significa amare ugualmente tutti gli esseri del mondo."

La verità contrapposta all' amore

Molti dei villaggi vicini all'ashram contavano parecchi incrollabili comunisti ed atei che non avrebbero mai voluto che nelle vicinanze sorgesse un ashram. Nei primi tempi dell'ashram, cercarono di fare del loro meglio per distruggerlo in ogni modo possibile: venivano in gruppo e protestavano, gridavano slogan, e talvolta gettavano perfino pietre nell'ashram. Un incidente simile accadde quando alcuni di questi provocatori vennero in gruppetto e cominciarono a gettare sassi contro l'edificio dell'ashram. Noi eravamo molto arrabbiati e volevamo combattere contro di loro, ma Amma disse: "No, no, state tranquilli! Andrà tutto bene."

Tuttavia, quando uno dei brahmachari fu colpito da una piccola pietra, Amma si inquietò. Aveva addolorato il Suo cuore vedere questo ragazzo innocente, che aveva preso rifugio ai Suoi piedi, leggermente ferito senza una ragione.

Nella grande Guerra del Mahabharata ci fu un interessante episodio di un conflitto tra verità e amore. Bhishma, il più alto militare in capo dei Kaurava, era un grande devoto di Krishna. Le circostanze lo costrinsero a combattere contro Arjuna, che era anch'egli devoto di Krishna e sotto la protezione del Signore. Krishna aveva dichiarato che non avrebbe imbracciato le armi nella guerra ma che sarebbe stato soltanto l'auriga di Arjuna. Udendo la promessa del Signore, Bhishma fece un altro voto. Egli promise che avrebbe spinto il Signore a prendere le armi. Dunque combatté ferocemente contro Arjuna e Krishna. Krishna non fu affatto turbato quando delle frecce furono scoccate contro di Lui: sopportò le ferite con un dolce sorriso. Fallito l'intento di portare il Signore a combattere, Bhishma mutò strategia.

Cominciò a far piovere frecce su Arjuna che, sebbene fosse un potente guerriero, non poteva uguagliare l'abilità e l'esperienza del vecchio combattente.

Incapace di ripararsi dalla pioggia di frecce, Arjuna cercò la protezione di Krishna. A quel punto Krishna non poteva restare più a lungo un mero testimone: il Signore, che è l'incarnazione della Verità, era pronto a rompere la Sua promessa. Krishna scese dal carro e attaccò Bhishma con la sua arma. Bhishma fu felice di vedere l'umore arrabbiato del Signore che, per mantenere la promessa di un devoto e salvare la vita di un altro, era pronto a incorrere nel disonore e nella cattiva fama di aver rotto un Suo stesso voto. Non appena Krishna cominciò a correre verso Bhishma, Bhishma lasciò cadere tutte le sue armi e si prostrò davanti a Krishna. L'amore di un Maestro per il Suo discepolo è così grande che il Maestro andrà oltre ogni limite per salvare il discepolo. Nello stesso modo, quando qualcuno fa del male ad Amma, Amma non ci fa caso, ma quando i Suoi devoti vengono colpiti, Amma non lo può tollerare.

Accadde lo stesso nel caso del sasso lanciato dal nemico dell'ashram. Entro pochi giorni dall'incidente, la casa di quell'uomo fu completamente distrutta da un fulmine. Dovette trasferirsi altrove per avere i mezzi di sussistenza. In realtà, non è Amma che fa del male a tali persone, Ella semplicemente lascia che sperimentino il loro karma. Il loro ego e la loro negatività impediranno alla grazia di Amma di raggiungerli. Allora, il karma farà il suo corso, ed essi soffrono in verità a causa delle loro stesse azioni. Amma spiega: "Io non punisco mai nessuno. Se vengo maltrattata o insultata, non me ne preoccupo affatto. Ma quando un devoto subisce tali abusi, perfino Dio non perdonerà. Ognuno deve sperimentare i frutti delle proprie azioni, non c'è altra via."

Ci sono persone così egoiste, arroganti e perfide che non ammetteranno né riconosceranno mai la grandezza dei Mahatma.

Ciò è sempre accaduto: vi furono coloro che si opposero a Rama, Krishna, Gesù e anche ad altri Maestri.

Comunque, ci sono anche centinaia di migliaia di persone che sono state trasformate dall'amore incondizionato e dalla compassione di Amma. Una coppia di sposi novelli venne all'ashram per stare con Amma. Qualcuno chiese loro: "Perché volete venire a vedere Amma? Siete appena sposati e potreste andare in luna di miele."

Essi dissero: "Noi vogliamo sentire l'amore di Amma." Generalmente, una coppia sente il massimo grado d'amore reciproco durante il periodo iniziale del matrimonio e durante la luna di miele. Persino in quel periodo questa coppia voleva fare l'esperienza dell'amore di Amma. C'è dunque qualcosa di sublime, qualcosa di divino, nell'amore di Amma, che non può essere uguagliato dall'amore che riceviamo da qualsiasi altra fonte. Ecco perché è capace di portare straordinarie trasformazioni nella nostra vita. Anche gli animali e le piante rispondono al radioso splendore del Suo amore.

Qualche anno fa, un devoto di Chennai offrì ad Amma un cucciolo di elefante. L'elefante aveva soltanto un anno e mezzo quando arrivò all'ashram. Amma lo chiamò Ram. Durante le prime settimane piangeva spesso, specialmente di notte. Quando tutti dormivano profondamente, Ram piangeva perché gli mancava la mamma (era stato separato dalla madre e non era possibile ricongiungerli). Il suo pianto spesso ci svegliava.

Una notte egli pianse più del solito e non mangiò un granché. Qualcuno di noi informò Amma, che disse: "Se continua a piangere, portatelo da me." Ram cominciò a piangere di nuovo. Uno dei brahmachari incaricati di badare a Ram, non voleva disturbare Amma portando Ram da Lei, anche se Amma gli aveva detto di farlo. Poiché Ram continuava a piangere, Amma uscì dalla Sua stanza e chiese ad alcuni brahmachari di portarlo nel cortile di fronte alla Sua camera. Ram fu condotto da Amma che cominciò ad accarezzargli amorevolmente la proboscide e la fronte. Inoltre lo nutrì con alcune banane e biscotti. Amma continuava a fargli domande del tipo: "Ram, sei triste? Ti piace l'ashram? Ti piace Amma? Ti piacciono i tuoi fratelli e sorelle qui?" Faceva queste domande come se Ram fosse in grado di capire, e continuò ad accarezzarlo per almeno mezz'ora con grande amore e cura. Poi chiese al brahmachari di legare Ram all'albero che si trovava vicino alla Sua stanza.

Sembrava che l'amore e l'affetto di Amma lo rendessero così felice che egli non ebbe più nostalgia di sua madre. Pianse ancora per qualche notte, ma in quei casi Amma chiedeva che Le fosse portato e passava un po' di tempo con lui, accarezzandolo e nutrendolo. Dopo pochi giorni smise completamente di piangere. Sono sicuro che in Amma percepiva l'amore e la presenza di sua madre.

Ora Ram ha quasi quattro anni. Dopo i bhajan della sera, Amma passa regolarmente del tempo giocando con lui, dandogli da mangiare e parlandogli. Se Amma non lo fa, Ram diventa molto triste. Talvolta è irrequieto e il mahout (guardiano) non è capace di tranquillizzarlo, ma Amma è sempre in grado di calmarlo.

Sensibilità sottile

Quando nelle persone aumentano i tratti negativi, le loro azioni andranno a discapito dell'armonia universale. Quando tale armonia è disturbata, possono verificarsi delle calamità.

Noi non siamo capaci di sentire questa disarmonia perché la nostra mente non è abbastanza sottili, tuttavia possiamo riconoscerne gli effetti: terremoti, cicloni, inondazioni e altre simili calamità naturali sono tutti sintomi di questa disarmonia. Nei tempi passati c'erano più armonia e meno disastri. Ora la situazione è cambiata. Le calamità naturali sono diventate un avvenimento comune. Sebbene noi non possiamo sentire la disarmonia nel cosmo, Mahatma come Amma possono percepirla.

Quando Amma decise di costruire un ashram a Madurai, mi chiese di trovare il terreno su cui costruirlo. Con l'aiuto dei devoti locali, trovai quello che pensavo fosse un buon pezzo di terra ad un buon prezzo. Durante il nostro viaggio di ritorno dal programma di Amma a Chennai (allora chiamata Madras), in seguito alla mia richiesta, Amma decise di fermarSi per benedire il terreno. Ma quando portai Amma a vederlo, Ella alzò le braccia in aria ed esclamò: "O Dio! Il denaro dei miei figli di Madurai affonderà nel fango!" Gli altri devoti presenti ed io restammo sconcertati nel vedere la reazione di Amma. La mia mente non era abbastanza sottile per percepire le vibrazioni negative del luogo, ma Amma le sentì immediatamente.

Facendo delle ricerche scoprimmo che nessuno voleva quel pezzo di terreno: quella era la ragione per cui fummo in grado di comprarlo a così buon prezzo. La terra era vicina a una delle principali strade del Tamil Nadu e quel particolare tratto di strada era tristemente noto per l'eccezionale numero di incidenti che vi accadevano. Scontri frontali e auto rovesciate erano avvenimenti frequenti; si erano perfino capovolti dei bus e in tanti avevano perso la vita. Oltre a ciò, molte persone si erano impiccate da un certo albero lì vicino.

Fin dagli esordi, la costruzione fu tormentata da misteriose difficoltà. Una volta, la tenda che ospitava tutto il cemento e le scorte di vernice, per qualche ragione prese fuoco, e tutti i rifornimenti andarono persi. In molte occasioni scoprimmo che un muro o altre strutture non erano state costruite secondo il progetto: si dovettero abbattere e ricostruire. L'intera squadra di operai se ne andò dopo giusto una settimana di lavoro, dicendo semplicemente che non volevano ritornare in quel luogo. Non avevamo mai sperimentato questi problemi nella costruzione di nessun altro ashram. Normalmente, ci volevano sei mesi per costruire una filiale dell'ashram. Per l'ashram di Madurai ci vollero tre anni, e costò tre volte tanto. La predizione di Amma si rivelò corretta al 100%.

Dopo tre anni di lavori, Amma disse che voleva consacrare il tempio, anche se il lavoro non era completato. Dopo la consacrazione del tempio, il resto della costruzione andò liscio e non vi furono più problemi. In verità, il malfamato pezzo di strada che passava vicino all'ashram è ora famoso per un'altra ragione: non c'è stato più un solo incidente nella stessa curva che aveva visto così tanti incidenti fatali. L'albero nelle vicinanze, sul quale delle persone si erano impiccate, fu sradicato durante una tempesta. L'area circostante, un tempo abbandonata e desolata, ora è piena di case, negozi e altri edifici. Con il Suo sankalpa (risoluzione divina), Amma ha trasformato una maledizione in una benedizione. Qualcuno chiese ad Amma perché aveva scelto un posto così maledetto e indesiderato per costruire il Suo tempio. Amma rispose di aver scelto tale luogo affinché le vibrazioni negative del posto potessero essere trasformate in vibrazioni positive.

Amma non è sensibile soltanto alle vibrazioni negative. Una volta Le chiedemmo di portarci a Tiruvannamalai, un luogo sacro in Tamil Nadu. Nel furgone, lungo la strada, Amma raccontava aneddoti e storie. Un brahmachari si addormentò e Amma gli versò dell'acqua in bocca e gli infilò qualcosa nel naso. Giocava con noi in questo modo, quando il furgone attraversò un villaggio. All'improvviso Amma divenne molto seria. Chiuse gli occhi e tenne le Sue mani in vari mudra (gesti con significato spirituale). Rimase seduta in meditazione per circa dieci o quindici minuti. Tutti facevano silenzio. Poi Ella aprì gli occhi e dopo pochi minuti ricominciò a parlare. Noi non sapevamo perché si fosse comportata così. Subito dopo ci fermammo per il tè. Vedendo il nostro gruppo in abiti bianchi e con capelli lunghi e barba, alcune persone sul lato della strada ci chiesero se provenivamo dall'ashram di uno swami del villaggio vicino. Noi non avevamo mai sentito parlare di quello swami.

Alcuni di noi s'incuriosirono e fecero delle domande sullo swami e sul suo ashram. Ci risposero che a circa venti chilometri dal villaggio in cui ci trovavamo, c'era un avadhut (un santo il cui comportamento non è conforme alle regole sociali) che sembrava un mendicante e viveva in solitudine, parlando a mala pena, eccezion fatta per strane parole e strani suoni. Allora ci ricordammo che quello era circa lo stesso luogo in cui Amma era entrata all'improvviso in meditazione.

Più tardi, Amma disse che aveva sentito le forti vibrazioni di compassione del posto.

Questi incidenti ci mostrano quanto Amma sia sensitiva. Io non ero stato in grado di sentire né le vibrazioni negative del terreno che avevo scelto, né quelle positive emanate dall'avadhut e dal suo ashram. Ma Amma sperimentò entrambe senza sapere niente di quei luoghi. Ugualmente, Amma conosce ogni perturbazione nel mondo e può sentire e percepire qualsiasi cosa nell'universo senza esserci stata fisicamente.

Capitolo 5

L'importanza di avere un Guru

Perché abbiamo bisogno di un Guru

"Sebbene il vento soffi ovunque, se ne può godere la frescura soltanto all'ombra di un albero. In modo simile, un Guru è necessario per noi che viviamo nel cocente calore dell'esistenza terrena."

– Amma

Molte persone si domandano perché ci sia bisogno di un Guru. Abbiamo bisogno di un insegnante anche se vogliamo imparare qualcosa di così semplice come l'alfabeto: se è necessario un insegnante per imparare solo 21 simboli, cosa dire dell'apprendimento delle complessità della vita spirituale?

Prendiamo l'esempio di qualcuno che sta viaggiando verso un luogo in cui non è mai stato. Può servirsi di una mappa per raggiungere la destinazione, ma lungo il cammino la strada potrebbe trovarsi in cattive condizioni o un tratto risultare frequentato da rapinatori; potrebbe esservi una deviazione o degli animali feroci. Tali particolari non saranno inclusi nella mappa. Per raggiungere la destinazione senza incidenti, il nostro viaggiatore ha bisogno della guida di qualcuno che abbia già percorso quella stessa strada.

In modo simile, per viaggiare lungo il sentiero spirituale, abbiamo bisogno di una guida che conosca la meta, tutte le curve, le svolte e le possibili insidie lungo il cammino, e conosca i nostri punti di forza e le debolezze. In Amma noi troviamo la guida suprema sul sentiero spirituale: non solo Ella conosce la via, ma è disposta a camminare al nostro fianco, tenendoci per mano ad ogni passo della strada e illuminando il sentiero davanti a noi.

Le pratiche spirituali possono essere paragonate ad un ricostituente che, nel giusto dosaggio, ci farà bene alla salute, ma se somministrato in eccesso potrà causare problemi inaspettati. In modo analogo, le pratiche spirituali, compiute nel modo giusto e secondo la nostra costituzione, ci daranno salute mentale e fisica, ma se eccediamo, possono causare dei problemi. Soltanto un Satguru può giudicare correttamente qual è la migliore prescrizione spirituale per ogni persona.

Una donna che era molto in soprappeso comprò un libro su come perdere peso. Il libro consigliava vari tipi di medicine e Lei ne selezionò una per la quale la prescrizione diceva: "Prendete una pillola, poi saltate un giorno, prendetene un'altra il giorno dopo, poi saltate un giorno. Continuate per sei mesi."

Dopo appena tre mesi, la donna aveva già perso circa 50 chili. Ma cominciò a soffrire di emicranie, fatica muscolare e disidratazione. Questo la preoccupò, e alla fine decise di consultare un dottore. Il dottore fu sorpreso nel sentire quanto peso aveva perso in così poco tempo. "Ovviamente il trattamento sta funzionando, ma forse questi sintomi sono effetti collaterali delle pillole che sta prendendo."

"Oh, no, le pillole vanno bene" disse la donna, "è il saltare che mi sta uccidendo!"

Possiamo vedere l'importanza di avere un Guru osservando le vite di *Avatar* (incarnazioni divine che ritornano nel mondo solo per aiutare gli altri) come Rama e Krishna. Pur essendo nati con la conoscenza del Supremo e non avendo bisogno di un Guru, essi divennero dei discepoli per dimostrare al mondo la grandezza del Guru.

Il significato della parola Guru

I Veda, i più antichi testi e i più sottili tesori spirituali dell'umanità, cominciano con l'invocazione al fuoco, *"Agnimeele purohitam..."* In questo verso la parola *agni* (fuoco) si riferisce alla pura Coscienza che illumina ogni cosa. Essa rappresenta anche il Guru, poiché la sillaba "gu" significa buio e "ru" significa rimozione. Dunque la parola Guru comunica il significato di "fuoco che disperde le tenebre interiori". Il buio interiore è quello dell'ignoranza.

Ho anche sentito Amma affermare che le anime che hanno realizzato Dio, possono prendere su di sé il karma degli altri e bruciarlo nel fuoco della propria conoscenza del Sé.

Guru ha un altro meraviglioso significato: "pesante". Pesante non nel senso di peso, perché, se così fosse, ci sarebbero molte persone qualificate ad essere Guru! Un vero Maestro è pesante della Sua gloria e grandezza spirituali. Nell'astrologia indiana, il pianeta più grande e pesante, Giove, è chiamato il pianeta del Guru. Il Signore Krishna, sebbene fosse soltanto un pastorello, era considerato come il Guru universale, grazie a questa qualità di grandezza spirituale. Nello *Srimad Bhagavatam*, è detto che solo sette persone capirono veramente chi fosse Krishna durante la Sua vita. Molti grandi esseri come Krishna, Rama e Gesù furono largamente accettati come Avatar soltanto dopo la loro morte. Noi dobbiamo riconoscere quanto siamo fortunati a sapere che la nostra Amma è divina perfino mentre si trova nel corpo. È una dimostrazione della compassione di Amma il fatto che

Ella permetta a così tanti di noi di sperimentare la Sua divinità e grandezza.

La maggior parte di noi può dire di aver ricevuto meravigliose esperienze con Amma. Tuttavia, se una delle nostre richieste non si materializza, dimentichiamo tutte le esperienze precedenti. Quando mostriamo la nostra devozione, se Amma non sembra ricambiare, a volte possiamo pensare che non si curi più di noi o che ignori il nostro amore per Lei. In verità, Amma vuole sviluppare la nostra fede e forza interiore, non può continuare a giocare con i nostri capricci e fantasie per sempre. Amma afferma: "Ogni volta che avete dei dubbi, ricordate le vostre precedenti esperienze con il Guru e i modi in cui avete sperimentato la grandezza e la compassione del Guru. Pensate a quelle esperienze e cercate di rinforzare la vostra fede." Dobbiamo cercare di progredire lungo il sentiero spirituale aggrappandoci a tali esperienze ed episodi.

Una sorgente di conoscenza spirituale

La scienza e la tecnologia hanno influito tremendamente sulle nostre vite. Le invenzioni, gli accessori e le comodità di cui godiamo al giorno d'oggi non avrebbero potuto nemmeno essere concepiti appena pochi decenni fa; ciò nonostante l'inquietudine e la sofferenza della psiche umana sono anch'esse aumentate in proporzione.

Le statistiche dimostrano che migliaia di persone si tolgono la vita ogni anno e questo non è un piccolo numero. Le persone non sanno come trovare appagamento nella vita. Cercano di trovare sollievo nei possedimenti materiali, nelle relazioni, nei divertimenti, nell'alcool, nelle droghe, ecc., e quando tutto ciò fallisce, qualcuno si rivolge al suicidio. Per queste persone, la vita è miserabile perché non sanno trovare una felicità duratura da nessuna parte. Attualmente, il tenore di vita è cresciuto in molte parti del mondo, ma che dire della qualità della vita? L'aumento dei suicidi, crimini e rivolte è solo un sintomo del declino del benessere psicologico.

Due generazioni fa, suicidio, tossicodipendenza e problemi psichiatrici erano molto meno comuni. Anche la fede in Dio o in un potere divino a guida della nostra vita era molto più diffuso. Erano la fede in Dio e il conseguente impegno in una vita di valori, ad aiutare quelle generazioni a superare le sofferenze e a trovare un equilibrio.

Quando siamo felici, in salute e prosperità, pensiamo di non avere bisogno di Dio, ma tale prospettiva è sbagliata. Dio non è un kit di pronto soccorso e il ricordo di Dio è necessario per il nostro benessere mentale ed emozionale. Questo principio è dimostrato dalla pace e felicità che proviamo dopo aver compiuto anche solo un po' di pratiche spirituali.

Amma afferma che la vita è un misto di piacere e dolore, e che la spiritualità c'insegna come mantenere l'equanimità di mente in tutte le circostanze. Soltanto così possiamo condurre una vita pacifica. Senza la spiritualità alla guida dei nostri pensieri e azioni, ogni piccolo problema può affliggerci profondamente. Cosa possiamo fare per restare imperturbati? Amma dà un esempio.

C'è un luogo dove delle persone stanno facendo esplodere dei petardi. Se a una persona che ne è al corrente capita di passare in quella zona, non sarà scossa dal rumore di un'esplosione. Al contrario, una persona che non sa che cosa sta avvenendo e che non è preparata, sarà scioccata quando i petardi le esploderanno accanto. Allo stesso modo, una persona che comprende la natura del mondo non sarà sconvolta da calamità improvvise.

Per ogni cosa nella vita è necessario un fondamento spirituale. Compassione, amore e altruismo dovrebbero essere presenti in ogni rapporto. Le persone non potranno mantenere un rapporto d'amore finché non avranno una base interiore di spiritualità e di valori relativi. Tanti matrimoni si spezzano nei tempi moderni, ma quale differenza farebbe se ogni marito e ogni moglie perdonassero e dimenticassero i reciproci errori! Quando qualcuno va da un consulente o da uno psichiatra per un problema come la depressione, il professionista consiglierà al paziente di rilassarsi e di praticare il pensiero positivo, la meditazione, ecc., con lo scopo di superare la depressione. Alcuni psichiatri non si riferiscono al trattamento col nome di meditazione ma usano il termine di "visualizzazione creativa".

Come santi e saggi dicono da millenni, rivolgerci a Dio e seguire pratiche spirituali ci aiuta a sviluppare valori che offrono pace mentale nonostante il nostro mondo complesso e mutevole. Si ha bisogno soltanto di seguire il consiglio dei Maestri per prevenire la depressione ed evitare di diventare pazienti psichiatrici.

Un esempio d'amore disinteressato

Le Scritture dicono, *"Atmanastu kamaya sarvam priyam bhavati"* che significa: "È per la nostra stessa felicità che amiamo gli oggetti e le altre persone". Infatti, noi li amiamo fino a che ci rendono felici. Il deplorevole fondamento di questa verità è che amiamo noi stessi più di quanto amiamo gli altri. Quasi tutti cercano l'amore mentre pochi sono pronti a dare amore senza aspettarsi niente in cambio. Se ci aspettiamo qualcosa quando diamo il nostro amore, questo non può essere chiamato puro amore. Piuttosto, è un accordo d'affari motivato dal profitto. Ciò è triste, perché l'amore non è un prodotto di consumo avente un preciso valore di mercato. Ciò che si commercia nel nome dell'amore non è per nulla amore, ma come un frutto di plastica che è piacevole alla vista ma non può nutrire il nostro corpo e l'anima.

Un uomo infelice pensa che troverà la gioia se si sposa, e una donna crede che la sua infelicità scomparirà col matrimonio. Così una persona infelice ne sposa un'altra. Ci saranno solo due persone infelici che vivono insieme. Potranno essere felici per un limitato periodo, ma i problemi verranno a galla.

Molti mariti e mogli litigano e si separano anche se all'inizio si amavano così tanto. Durante la luna di miele entrambi dicono: "Non posso vivere senza di te neppure per un momento." Dopo qualche anno il sentimento è capovolto: "Non posso vivere con te neppure per un momento."

Questa è la natura dell'amore terreno: sempre basato sulle aspettative che, quando non sono soddisfatte, mettono fine all'amore e possono addirittura trasformarlo in odio. Ciò che noi vogliamo è amore senza condizioni, ma riceviamo soltanto amore con condizioni. Il marito e la moglie all'inizio si amano reciprocamente, ma alla fine l'amore si deteriora, poiché era basato su motivi egoistici. Una volta che il fascino della novità si affievolisce, entrambi scoprono di non essere soddisfatti dell'amore che ricevono dall'altra persona.

Amma dice sempre: "Quando c'è amore reciproco, comprensione e fiducia, i nostri problemi e preoccupazioni diminuiranno; se queste qualità sono assenti, i problemi aumenteranno. L'amore è il fondamento di una vita felice e noi, coscientemente o no, non prestiamo attenzione a questa verità. Proprio come il nostro corpo ha bisogno di cibo adatto per vivere e crescere, la nostra anima ha bisogno d'amore per crescere adeguatamente. La forza e il nutrimento che l'amore può dare alla nostra anima è perfino maggiore del potere nutritivo del latte materno per un bambino."

Amma ci dice di amare gli altri ma di non aspettarci nulla in cambio, e noi dovremmo impegnarci per raggiungere questo risultato. Possiamo vedere quest'amore disinteressato in un Maestro che ha realizzato il Sé. Egli non si aspetta nulla da nessuno.

Una presenza che guarisce

Possiamo avere molti problemi nella nostra vita personale, ma quando siamo alla presenza di un Satguru come Amma, la nostra mente diventa calma e le nostre preoccupazioni si dileguano completamente. Ho visto molte persone venire da Amma con domande e dubbi, ma nel momento in cui riposano nel Suo grembo o sono abbracciati da Lei, ogni cosa svanisce dalla loro mente. Dopo il darshan si rendono conto di aver dimenticato di porre le loro domande. Spesso scoprono che i problemi cruciali di un tempo non disturbano più la loro mente. È avvenuta una trasformazione a qualche livello: questo è il beneficio di essere alla divina presenza di Amma.

Quando Amma si trovava a Chicago nel 1993 al Centenario del Parlamento delle Religioni del Mondo, Le fu chiesto di recitare le preghiere e il messaggio di chiusura. I devoti portarono l'auto vicino alla porta di servizio, così che Amma potesse raggiungerla il più velocemente possibile alla fine della funzione, per impedire che la gente si affollasse intorno a Lei. Poiché sul palco con Amma vi erano anche il Dalai Lama e alcune altre importanti celebrità, vennero applicate rigorose misure di sicurezza e perciò era difficile ottenere il permesso di parcheggiare la macchina vicino alla porta di servizio. Amma terminò la Sua preghiera e il messaggio e Si stava dirigendo verso l'uscita di servizio in direzione dell'auto, quando vide un addetto alla sicurezza che stava discutendo con un devoto. Il volto della guardia era rosso di collera e il volume della sua voce stava aumentando, così Amma andò diretta verso la guardia, gli accarezzò il petto e lo abbracciò. Egli fu totalmente colto alla sprovvista da quest'inaspettato abbraccio amorevole e rasserenante.

Proprio quella guardia, che aveva insistito che per motivi di sicurezza si spostasse l'auto e si conducesse Amma soltanto attraverso l'uscita designata e nessun'altra, stava ora scortando Amma alla macchina e aprendoLe la portiera! Un solo tocco era bastato per cambiare quell'uo-mo. L'anno dopo, quando Amma andò a Chicago, era la prima persona nella fila del darshan.

Quando un fiore è completamente sbocciato, chiunque vi passi accanto riceverà in dono il suo profumo. Nello stesso modo, Amma è traboccante d'amore, compassione e grazia e chiunque Le vada vicino ne beneficerà naturalmente.

Una volta visitai la casa di un devoto di Amma. Nella casa c'era una ragazza adolescente la cui stanza era piena di immagini indecenti. I suoi genitori erano fedeli devoti di Amma, ma la ragazza rifiutava di incontrarLa. La madre della ragazza era molto abbattuta. L'anno successivo, la stessa ragazza s'inginocchiò davanti ad Amma e pianse abbondantemente. Non appena tornò a casa tolse tutte le foto indecenti dalla sua stanza. Non molto tempo dopo, quando visitai la loro casa, vidi soltanto due foto nella stanza della ragazza: una era una foto di Amma e l'altra una foto della ragazza con Amma. Nessuno le aveva detto di togliere le altre fotografie – lo aveva fatto di sua iniziativa.

Superare le nostre simpatie e antipatie e le tendenze negative è molto difficile, ma in presenza di un Grande Maestro come Amma diventa più facile e può addirittura accadere spontaneamente.

Un'espressione della compassione di Dio

na me pārthā 'sti kartavyaṁ triṣu lokeṣu kiṁcana
nā 'nav āptam avāptavyaṁ varta eva ca karmaṇi

Io non ho alcun dovere da svolgere, né vi è nei tre mondi qualcosa che debba raggiungere, tuttavia sono impegnato nell'azione.

– Bhagavad Gita, Capitolo III, Verso 22

Amma afferma che i Mahatma sono portatori della compassione di Dio e veicoli della grazia di Dio. Alcune Scritture sostengono che i Mahatma sono perfino più compassionevoli di Dio, perché vengono in questo mondo senza altra ragione che per aiutarci ed elevarci. Essi hanno già raggiunto ciò che deve essere raggiunto con la nascita umana, sono pieni e completi e non vogliono altro che donare. Sono in un costante stato di beatitudine infinita, tuttavia scelgono di lasciare quello stato di beatitudine e scendono al nostro piano di consapevolezza per aiutarci.

Amma afferma: "Il Mio unico scopo è rendere felici i Miei figli in questa vita e in tutte le nascite a venire." Amma ascolta i problemi di migliaia di persone, giorno e notte. Fa questo da trent'anni. Finora, Amma ha personalmente incontrato, abbracciato e ascoltato i problemi e le difficoltà di oltre trenta milioni di persone. Non serve menzionare alcun altro esempio per dimostrare la misura della Sua compassione: Amma non ha bisogno di fare tutto ciò; lo fa per amor nostro.

Sebbene Amma non sia mai triste per Se stessa, si sente triste e turbata quando i Suoi devoti lo sono. È dura come il diamante, ma quando si avvicina ai Suoi figli è tenera come un fiore. Le nostre sofferenze sono riflesse nella Sua mente e Lei ne è commossa. La vita di Amma è solo per il bene di coloro che cercano il Suo aiuto.

Se noi La preghiamo con tutto il cuore, Amma si prenderà cura di ogni cosa. Molti problemi si risolveranno, e noi avremo la forza e il coraggio di accettare e affrontare quelli che rimangono. Quando si arriva da un Mahatma, le complessità della vita sembrano semplificarsi.

C'era una coppia in India che aveva soltanto un figlio. I genitori erano profondamente religiosi e consigliavano al figlio di pregare Dio, ma egli non prestò mai alcuna attenzione alle loro parole: non aveva mai pregato Dio nella sua vita. Un giorno gli fu offerto un lavoro in medio oriente ed egli decise di accettarlo.

I suoi genitori, che erano devoti di Amma, gli chiesero di incontrare Amma prima di partire, poiché stava andando in una terra lontana e sarebbe tornato solo dopo due o tre anni. Gli chiesero di portare tutti i suoi documenti all'ashram così che Amma potesse benedirli. Il ragazzo decise di andare a vedere Amma poiché non voleva disobbedire ai suoi genitori prima della partenza.

Arrivò all'ashram il giorno dopo con tutti i suoi documenti – passaporto, visto e contratto di assunzione, per farli benedire. Quando arrivò al darshan, Amma gli chiese: "Accetterai questo lavoro?" Il ragazzo disse: "Sì." Amma non disse altro, chiuse gli occhi per pochi momenti e poi lo benedì.

Il ragazzo tornò a casa in autobus, ma si sentiva così stanco che si addormentò. Quando riaprì gli occhi, scoprì che la valigetta con i documenti era sparita. Cadde in uno stato di shock e incredulità. Subito dopo, questi sentimenti si trasformarono in una rabbia totale. Non appena scese dall'autobus, corse a casa come un pazzo. Quasi picchiò i suoi genitori, pensando che a causa loro tutta la sua vita era stata rovinata. Disse che era loro la colpa di averlo mandato da Amma, e che come risultato ora aveva perduto tutto. Anche i suoi genitori erano davvero turbati e non sapevano come rispondere al figlio o come consolarlo.

Il giorno seguente, i genitori vennero da Amma e piangendo Le raccontarono quello che era successo al figlio il giorno prima, e Le confidarono inoltre di essere venuti a sua insaputa. Amma disse loro di non preoccuparsi e che tutto sarebbe andato bene. Non molto tempo dopo, scoppiò la Guerra del Golfo. Era in Iraq che questo ragazzo e altri di sua conoscenza avevano ottenuto un lavoro e alcuni dei suoi amici erano già là. L'edificio dove avrebbe dovuto lavorare fu bombardato. Molte persone morirono e alcuni dei suoi amici furono feriti seriamente.

Qualche tempo dopo, la polizia locale chiamò il ragazzo per dire che avevano trovato la sua valigetta. Il ladro sembrava essere relativamente una brava persona: aveva preso il denaro e alcuni altri valori che gli potevano servire e lasciato la valigetta al margine della strada vicino alla stazione di polizia, senza manomettere o danneggiare i documenti di viaggio e gli altri oggetti. Qualcuno trovò la valigetta abbandonata e la consegnò prontamente alla polizia.

Quando Amma fu informata dell'accaduto, disse: "Sapevo quello che stava per succedere, ma se gli avessi chiesto di non accettare il lavoro, non mi avrebbe ascoltato e se fosse andato laggiù a lavorare sarebbe sicuramente stato ferito in modo grave o addirittura ucciso. Questo era il solo modo per salvargli la vita."

In seguito, al ragazzo fu offerto un buon lavoro per grazia di Amma, ma ormai in verità egli voleva unirsi all'ashram! I suoi genitori avevano pregato proprio per questo.

Molti devoti di Amma fanno l'esperienza dell'aiuto personale di Amma. Naturalmente, ogni qualvolta siamo in grado di invocare Amma col cuore, Ella risponderà. Se ci troviamo veramente in difficoltà, il nostro appello a Dio sarà davvero sincero e proveniente dal cuore. Quando siamo felici e preghiamo Dio, ci può essere meno sincerità nella nostra preghiera. Quando stiamo soffrendo, la nostra invocazione a Dio avrà più profondità e devozione. Dio a volte ci dà dei problemi nella vita proprio perché non dimentichiamo di avvicinarsi sinceramente a Lui.

Ad un ardente devoto di Amma a Mumbai furono diagnosticate quattro ostruzioni al cuore. I medici decisero di sottoporlo ad un intervento a cuore aperto. Egli era molto spaventato e scosso e anche i suoi figli erano molto preoccupati, così chiamarono l'ashram e informarono Amma. Al telefono con Amma il padre piangeva per la paura, ma Amma gli disse: "Non preoccuparti, figlio Mio, andrà tutto bene." Amma gli inviò il Suo *prasad*[5] attraverso un altro devoto che doveva andare a Mumbai il giorno dopo.

Due giorni prima dell'intervento, il capo chirurgo decise di fare un ultimo esame prima dell'operazione. Con completa sorpresa sua e dei colleghi medici, scoprì che c'era soltanto una piccola ostruzione. Il capo chirurgo consultò gli altri medici e decise quindi che non era necessario affrontare un'operazione immediatamente. Il devoto fu dimesso dopo aver ricevuto delle medicine e alcune istruzioni in merito alla dieta da seguire. Tornò a casa felicemente, ringraziando moltissimo Amma.

Sono passati quasi otto anni da questo miracolo, e sinora non si è verificata la necessità per lui di sottoporsi ad un'operazione per il bypass.

Un'invocazione sincera può fare miracoli, specialmente quando abbiamo un Maestro vivente. Anziché passare la vita inseguendo obiettivi insignificanti, dovremmo cercare di fare le cose che ci portano la grazia di Dio. Senza la grazia di Dio, la vita è arida e vuota. Usiamo il nostro tempo, energia, talenti e capacità fisiche per ottenere questa grazia.

Un'opportunità di sperimentare Dio

È un'opportunità straordinaria essere in contatto con un Mahatma. Anche se abbiamo fede in Dio, è difficile avere un'intima relazione con Dio perché non è possibile vederLo o comunicare direttamente con Lui. Alla presenza di un Mahatma possiamo sperimentare Dio perché un Mahatma è sempre stabilito nella coscienza divina; una tale persona è tutt'uno con Dio.

Il legame che stabiliamo con un Mahatma sarà sempre nel nostro cuore e noi possiamo sentire la Sua protezione su di noi.

---

[5] *Prasad* è qualcosa di benedetto dal Guru, oppure offerto a una divinità; di solito si tratta di cibo.

Come una chioccia protegge i pulcini sotto la sua ala, Amma protegge i Suoi figli dovunque siano.

Una sera, Amma e i brahmachari erano seduti sulla sabbia nel lato dell'ashram più vicino ai canali. Amma improvvisamente chiuse gli occhi ed entrò in profonda meditazione. Dopo un po' di tempo, quando Amma riaprì gli occhi, un brahmachari Le chiese: "Amma, su chi mediti?" Amma rispose che Ella pensa ai Suoi figli e sottilmente va da coloro che stanno pregando Amma con un cuore che si strugge. In seguito Amma disse che in quell'occasione una Sua devota, il cui marito si opponeva ad una sua visita all'ashram, stava piangendo amaramente nella stanza di preghiera davanti a una foto di Amma. Più tardi venimmo a sapere dalla stessa devota che in quel momento aveva avuto una visione di Amma, e che le era stato di gran consolazione scoprire che Amma era con lei anche in casa sua.

È la compagnia di un Grande Maestro che ci aiuta a rendere forte la nostra mente. L'amore del Maestro ci rende capaci di accettare qualunque cosa ci accada e di affrontare le sfide della vita. Siamo veramente fortunati ad avere Dio vivo in mezzo a noi, incarnato nella forma della Madre Divina Amma.

Non dobbiamo davvero preoccuparci di nulla, perché possiamo essere certi che Amma si sta sempre prendendo cura di noi. Ogni qualvolta sorge un problema nella nostra vita, è rassicurante sapere che Amma ne è consapevole e che ci offrirà aiuto e sostegno. Questa convinzione ci dà un grande sollievo e conforto. Una fiducia innocente di bambini e l'amore per il Maestro costituiscono l'inizio della nostra evoluzione spirituale.

Amma sta cercando di suscitare in noi consapevolezza spirituale e qualità positive quali amore e compassione, dando l'esempio con la Sua stessa vita.

Ognuno di noi ha queste qualità interiormente. Persino un criminale incallito, per esempio, s'intenerisce d'amore quando vede suo figlio. Un Mahatma crea situazioni per aiutarci a coltivare e manifestare queste amorevoli qualità. Quando un simile amore si risveglia in noi, le attitudini negative vengono gradualmente rimosse.

Molti di noi sono venuti da Amma per ricevere le Sue benedizioni per la realizzazione di un desiderio o per ottenere la soluzione a un problema. Amma afferma che attraverso il desiderio per un obiettivo più elevato, possono essere superati i desideri inferiori. Quando siamo con un Satguru, possiamo superare molti dei nostri desideri attraverso il nostro amore per Lui o Lei: grazie al desiderio di vivere con Amma nell'ashram, molti di noi sono in grado di abbandonare l'interesse per le cose del mondo.

Dovremmo essere capaci di mantenere una relazione viva, uno stretto rapporto con Dio. Amma era solita raccontarci che durante il Suo periodo di sadhana, pregava ardentemente la Devi di rivelarSi, e che occasionalmente si arrabbiava con Lei perché non Le dava il Suo darshan.

Se riusciamo a sviluppare tale intimità con Dio e ad indirizzare tutte le nostre emozioni e sentimenti verso di Lui, possiamo sbarazzarci di tutte le nostre tendenze negative. Amma dice: "Se siete arrabbiati, dirigete la vostra collera a Dio. Se vi sentite tristi, dirigete la vostra tristezza a Dio. Sedete di fronte al vostro altare o nella vostra stanza di meditazione e confidate a Dio tutto ciò che avete nel cuore, proprio come un bambino piccolo si confida con sua madre: questo alleggerirà il vostro cuore e riporterà pace e calma all'interno."

Un'occasione per conoscerci meglio

Tutti noi abbiamo una grande irrequietezza nella nostra mente. Non appena arriviamo da un vero Maestro può sembrare che anche il Maestro contribuisca ad accentuare queste agitazioni

– come se non ne avessimo abbastanza! Il Guru creerà certe situazioni per noi e ci dirà: "Vedi, questo è il tuo problema." In questo modo il Guru ci renderà consapevoli della negatività all'interno di noi stessi. Questa è una parte importante del lavoro del Guru. Noi abbiamo bisogno di diventare consapevoli dei nostri difetti per poterli correggere.

Raramente vogliamo accettare i nostri errori e debolezze; invece, tendiamo ad incolpare qualcun altro. La mente, in quei momenti, è molto negativa. Talvolta, anche se abbiamo il miglior Guru del mondo, proiettiamo le nostre negatività e difetti sul Guru, e lo incolpiamo delle nostre inadeguatezze. Potremmo perfino abbandonare il Guru pensando: "Questo non è un Guru adatto a me. Cercherò un altro Guru."

Abbiamo sempre avuto queste turbolenze, ma solo ora ne stiamo lentamente diventando consapevoli. Pensiamo: "Prima di venire da Amma, ero davvero una brava persona, forse persino santa. Ora che sono venuto da Amma, stanno sorgendo in me molte negatività." Naturalmente pensiamo che ci sia qualcosa che non vada in Amma. Questa è la nostra natura sentenziosa. Il Guru crea determinate situazioni proprio per renderci consapevoli che abbiamo questi difetti, e poi ci aiuta a superarli.

Possiamo pensare di non avere alcuna *vasana* (tendenza latente) negativa, ma quando cominciamo a immergerci profondamente nella mente, troviamo numerose negatività e desideri. Amma fa un esempio per illustrare questo punto. Una stanza può sembrare pulita superficialmente, ma quando cominciamo a pulire fregando forte con acqua e sapone, possiamo vedere che c'è ancora molta sporcizia. Affinché le nostre vasana negative vengano alla superficie, dove possiamo vederle, è necessaria una situazione adatta o una condizione ambientale, e un vero Maestro sa come creare proprio tali situazioni. Amma fa l'esempio di un

L'importanza di avere un Guru

serpente in letargo: in letargo non reagirà a nulla, ma appena sveglio reagirà alla minima provocazione.

Swami Amritatmananda, uno dei più vecchi discepoli di Amma, racconta una storia accaduta all'inizio del suo rapporto con Amma, che dimostra come Ella porti alla superficie le nostre tendenze negative. Una volta, nel tentativo di mettersi in mostra di fronte ad un gruppo di devoti con famiglia e brahmachari, egli pose ad Amma una domanda che riteneva difficile. Amma rispose semplicemente: "Caro figlio, non capiresti la risposta!"

In passato, Amma aveva frequentemente lodato Swami Amritatmananda (allora Ramesh Rao), affermando che aveva molto discernimento. Ora, questa critica fu per lui davvero insopportabile: era così sconvolto che decise di andare per due giorni a Kanyakumari (la punta più meridionale dell'India, un luogo di pellegrinaggio a 200 chilometri di distanza), in segno di protesta.

Vagando per Kanyakumari, scoprì di essere vicino all'ashram dell'avadhut Mayiamma. Mayiamma non c'era al momento: un devoto l'aveva portata a visitare un'altra città. Mentre Swami Amritatmananda guardava il tramonto, con il cuore dolorante, un devoto di Mayiamma lo avvicinò. Porgendogli una ciotola di cibo, il devoto gesticolò verso un gruppo di cani che giacevano lì vicino e disse: "Queste creature non hanno neppure bevuto un po' d'acqua perché non possono vedere Mayiamma. Ho fatto del mio meglio per persuaderli a mangiare. Forse mangerebbero se fossi tu ad offrire loro questo cibo." Swami Amritatmananda seguì il suo sguardo. Circa cinquanta cani giacevano a terra con le zampe distese, il muso a terra e gli occhi chiusi. Striature di lacrime segnavano i musi di molti di loro. Stupefatto, egli guardò di nuovo l'uomo. Senza interruzione, il devoto continuò: "Quando Mayiamma non è qui, queste creature non mangiano nulla. Possono esistere creature così?"

Con la ciotola in mano, Swami Amritatmananda si avvicinò ai cani ma essi non risposero: non aprirono neppure gli occhi. Senza neanche muoversi, continuarono a giacere lì, come in samadhi. Dopo qualche tempo, quattro o cinque cani gli diedero uno sguardo e poi tornarono alla loro posizione originale. Egli poteva soltanto domandarsi: come avevano fatto quei cani ad acquisire tale distacco? Quale inestimabile tesoro avevano ricevuto da Mayiamma?

La sua mente volò ad Amritapuri. Davanti a lui apparve una spendente immagine di Amma che gli sorrideva con affetto e compassione, facendogli cenno di raggiungerLa, e poi svanì. Perdendo il controllo, egli gridò ad alta voce: "Amma!" Porgendo la ciotola del cibo all'uomo, egli se ne andò e tornò ad Amritapuri il più velocemente possibile.

Quando raggiunse l'ashram nelle primissime ore del mattino, egli vide Amma seduta nella veranda del *kalari* (il piccolo tempio). Egli si prostrò davanti a Lei e quindi Le restò vicino, sentendosi colpevole. Improvvisamente passò un cane. Guardandolo e parlando a nessuno in particolare, Amma disse: "Perfino i cani nutrono gratitudine e amore verso i loro maestri." Egli guardò attentamente gli occhi di Amma: traboccavano di lacrime. Sopraffatto dal dolore e dal senso di colpa che aveva nel cuore, egli cadde piangendo nel Suo grembo. Amma lo baciò con compassione sul capo e accarezzandolo sussurrò: "Bambino birichino, la tua rabbia è scomparsa?"

Dopo aver creato la situazione che causa la nostra reazione negativa, il Maestro mette in rilievo le nostre vasana negative e i difetti. Perfino di fronte a questa evidenza, noi spesso cerchiamo di giustificare la nostra reazione perché odiamo ammettere che abbiamo fatto un errore.

Amma racconta una storiella al riguardo. Un uomo scivolò e cadde. Quando sua moglie lo canzonò per questo, il marito rispose: "Cosa c'è di così divertente? Sto solo praticando le mie *yogasana* (posizioni di hatha yoga)!"

Grazie all'amore e alla pazienza di un vero Maestro, alla fine arriviamo a realizzare la verità su noi stessi; diventiamo consapevoli delle nostre tendenze negative e cambiamo. Tuttavia, Amma afferma che essere alla presenza fisica del Guru non è sufficiente. Dobbiamo restare aperti e permettere che il Guru ci modelli, anche se questo processo può essere doloroso. Più forte è la vasana, più grande sarà il dolore; ma se noi amiamo davvero il nostro Guru, non sentiremo dolore mentre veniamo plasmati.

Un uomo andò da un oculista per fare un controllo della vista. Il dottore gli chiese di leggere le lettere su un cartellone, usando varie lenti. Ma il paziente non era in grado di leggere nessuna lettera, neppure con le lenti più potenti. Il dottore si irritò e strillò: "Perché non riesce a leggere nessuna lettera neppure con le lenti più potenti?"

Il paziente freddamente rispose: "Perché devo ancora imparare l'alfabeto."

Nello stesso modo, proprio come dobbiamo conoscere l'alfabeto per essere in grado di leggerne le lettere, così dobbiamo essere aperti per essere in grado di apprezzare la grandezza del Guru. Soltanto con un cuore aperto possiamo ricevere la grazia del Guru.

Il valore del prasad

Ricordo un episodio che ebbe luogo molti anni fa quando Amma fece visita alla casa di un devoto. A quel tempo io stavo ancora lavorando in banca. Quando finii il lavoro quella sera, andai diretto alla casa che Amma stava visitando. Arrivai intorno alle nove.

In quel periodo, Amma faceva spesso visita alle case dei devoti, molti dei quali erano davvero poveri. Amma accettava amorevolmente qualunque *bhiksha* (offerta) essi mettessero davanti a Lei. Siccome il pesce era molto più economico delle verdure, riso e pesce erano le principali pietanze nella dieta dei poveri di quella zona. Amma era strettamente vegetariana ma, per compassione, mangiava qualunque cibo queste persone le offrissero, perché non voleva ferirle o turbarle in nessun modo.

Quando arrivai nella casa, quella sera, Amma aveva già iniziato a mangiare con i devoti. Non appena mi vide, Ella mi diede un po' di cibo che presi rispettosamente, ma quando lo guardai, ci vidi un grosso pezzo di pesce!

Ero nato e cresciuto in una famiglia che aderiva ad una stretta alimentazione vegetariana, quindi, quando vidi il pezzo di pesce, lo feci immediatamente cadere. Mi sentivo disgustato. Amma chiese: " Perché lo getti via? È prasad."

Io dissi: "Non lo voglio perché è pesce!" Sebbene fossi infastidito dall'odore del pesce, in qualche modo rimasi lì seduto finché Amma non finì di mangiare.

A causa della mia ripugnanza per l'odore del pesce, rigettai pochi minuti dopo. Dopo aver vomitato, mi avvicinai ad una ciotola d'acqua che si trovava vicino ad Amma. Ignoravo che, dopo aver mangiato il pesce, Ella si era lavata le mani in quell'acqua. Non trovando altra fonte d'acqua, afferrai la ciotola e cominciai a lavarmi il viso e a sciacquarmi la bocca. Quando Amma vide ciò, sorrise maliziosamente senza che io ne capissi la ragione. Alcune altre persone sedute intorno ad Amma cominciarono a ridere, pensando che stavo per avere un'esperienza da incubo assaporando acqua dal sapore di pesce e lavandomi il viso con essa.

Io usai tutta l'acqua per risciacquarmi: scoprii che l'acqua profumava come acqua di rose. La fragranza era gradevole – un grande sollievo per me dopo la puzza di quel pesce!

Ormai tutti avevano finito di mangiare e i piatti furono portati via. Ma io sentivo ancora odore di pesce provenire da qualche parte. Allora notai, con mia sorpresa, che l'odore di pesce veniva da ciò che io avevo vomitato. Non potevo crederci, perché io non avevo mangiato alcun pesce, così capii che qualcosa "puzzava" in tutta quella la situazione!

Ci si sarebbe aspettati che l'acqua nella ciotola nella quale Amma si era lavata le mani odorasse di pesce, invece emetteva la più meravigliosa fragranza di rose, mentre ciò che avevo vomitato io, uno stretto vegetariano, puzzava di pesce, sebbene io non avessi mangiato alcun pesce. Compresi che questa era una lezione per me circa la mancanza di rispetto per il prasad del Guru. Gettando via il prasad, avevo dimenticato di vedere Amma come la Devi. Avevo considerato Amma come una persona ordinaria e il cibo ricevuto da Lei non come prasad. Qualunque cibo il Guru dia è prasad. Dovremmo accettarlo con tutto il cuore.

A quel tempo, veneravo già Amma da qualche tempo e avevo anche avuto una visione di Lei come la Devi. Questa visione era stata elevante per un po' e certamente aveva rinforzato la mia fede in Lei, ma non ero ancora capace di mantenere la convinzione, sempre e in ogni circostanza, che Amma era tutt'uno con la Madre Divina. Se sappiamo mantenere costantemente questa convinzione, possiamo svolgere le nostre azioni con più amore e dedizione. Amma dice che, quando svilupperemo dedizione, le nostre tendenze negative si dissolveranno una per una.

L'onniscienza di Amma

A volte Amma mi descriveva dei dettagli che riguardavano qualche persona che si era messa in fila per il darshan per la prima volta. Quando quella persona arrivava al darshan, Amma le chiedeva tutti i particolari che mi aveva appena detto. Ciò accadde in diverse occasioni. Una volta, appena avvenuto questo, domandai ad Amma pieno di curiosità: "Perché hai chiesto tutti quei particolari che già sapevi?" A questo, Amma rispose che lo aveva fatto solo per fargli dire qualche parola, così che si sentisse più vicino a Lei. Dunque, in questo modo, Amma ci fa sentire vicini a Lei, aggiungendo un tocco più personale al darshan. Questa nota personale, il ricordo del sorriso di Amma, delle Sue parole, del Suo tocco, ecc., è una buona meditazione per tutti noi. Così come ci lega al Suo amore divino, Ella ci ispira a coltivare buone qualità e ci modella in strumenti idonei a ricevere la grazia di Dio.

Nelle occasioni in cui raccontiamo ad Amma i nostri dispiaceri, Ella versa lacrime insieme a noi. Ciò dimostra che Amma sta veramente condividendo i nostri problemi, e ciò ha una grande importanza per noi. Se Amma non mostrasse alcuna emozione, sarebbe come un robot: nessuno sentirebbe un legame con Lei. D'altro canto, quando vediamo Amma mostrare queste emozioni umane, tendiamo a dimenticare la Sua grandezza e divinità.

In Australia, un bambino di cinque anni andò con sua madre a vedere una persona che stava tenendo un programma spirituale. Quella persona diede al bambino una bella mela grossa. Un mese dopo, quando la madre del bambino gli disse che stavano andando ad incontrare una santa indiana chiamata Amma, il bambino immediatamente chiese a sua madre: "Amma mi regalerà una mela come l'altra persona?" Che cosa poteva dire sua madre? Anche lei non aveva ancora incontrato Amma, così disse soltanto: "Non lo so."

Essi andarono ad incontrare Amma. Dopo il darshan, stavano allontanandosi quando Amma all'improvviso chiamò il bambino e gli porse una mela. Molti altri bambini vennero da Amma quel giorno, ma Amma non diede una mela a nessuno di loro, soltanto a questo bambino. Il bambino era davvero felice. Sua madre pianse lacrime di gioia chiedendosi come Amma avesse potuto sapere che suo figlio le aveva fatto una domanda sulla mela.

Quando Swami Amritagitananda, uno dei primi discepoli di Amma, La incontrò per la prima volta, voleva unirsi all'ashram immediatamente; ma Amma pensava che non fosse giusto poiché egli era già impegnato in un corso di Vedanta in un altro ashram. Ella gli disse di completare il corso e soltanto in seguito chiedere il permesso di unirsi all'Ashram. Poiché egli era triste, Amma lo rassicurò, e disse che poteva scriverLe e che Lei gli avrebbe risposto.

Quando egli tornò all'ashram a Mumbai, cominciò a scrivere lettere ad Amma. Ne scrisse complessivamente sette, ma Amma non rispose.

Proprio prima che il suo corso di studi finisse, Swami Amritagitananda scrisse di nuovo ad Amma, dicendoLe che i suoi insegnanti erano d'accordo che raggiungesse l'ashram di Amma una volta completato il corso. Ancora una volta, Amma non rispose. Poiché Amma non rispondeva, egli si convinse che Ella non voleva che lui si unisse all'ashram e non solo: pensava di dover abbandonare completamente il sentiero spirituale dopo il corso di Vedanta, poiché aveva già annunciato la sua intenzione di lasciare l'ashram in cui viveva. Decise di tornare a casa e di cercare un lavoro, e non appena il pensiero dell'incom-bente vita mondana entrò nella sua mente, egli interruppe tutte le pratiche spirituali.

Tre giorni dopo, ricevette una brevissima lettera. Il piccolo foglio di carta era di Amma. Diceva: "Figlio, hai abbandonato le tue pratiche spirituali. La tua mente è completamente fuori controllo. Riprendi le tue pratiche spirituali. Amma è con te." Egli provò un impeto di gioia nel rendersi conto che Amma era stata con lui ad ogni passo del cammino, riprese le sue pratiche spirituali, completò il corso e poi si unì all'ashram di Amma.

Swami Pranavamritananda, un altro dei primi discepoli di Amma, una volta ebbe un'esperienza che dimostra quanto le nostre menti siano come un libro aperto per Amma. Prima di incontrare Amma, aveva visto un commovente film sulla vita di Adi Shankaracharya, uno dei più grandi esponenti della filosofia del Vedanta. Questo accese in lui un profondo interesse per la meditazione. Sperimentò la meditazione e inoltre visitò alcuni sannyasi con lo scopo di cercare risposte alle sue molte domande sulla meditazione. Ma essi non riuscirono a chiarire i suoi dubbi.

Un giorno andò a far visita a sua zia che viveva vicino al suo college e che era una devota di Amma. Appena entrò in casa vide una giovane donna vestita di bianco. Vedendo radunate là molte persone che lui sapeva essere devote di Amma, gli fu subito chiaro chi Ella fosse. Vedendo il suo aspetto giovane, pensò: "Cosa potrà mai sapere questa ragazza?" Andò nella stanza accanto per evitarLa. Amma entrò immediatamente in quella stanza, si sedette vicino a lui e, afferrandogli il braccio, disse: "Figlio mio, volevo incontrarti e sentirti cantare." Gli altri devoti arrivavano poi uno alla volta e si radunarono intorno ad Amma. Senza che nessuno avesse fatto domande, Amma cominciò a parlare della meditazione. Nel giro di pochi minuti, Amma non solo chiarì tutti i suoi dubbi, ma gli diede anche un panorama molto chiaro della meditazione. Egli fu convinto della Sua onniscienza e comprese che le Sue parole erano rivolte a lui.

Swami Pranavamritananda racconta un altro episodio che illustra come l'onniscienza di Amma colga ogni nostro errore. Un giovane, che era solito fare visita all'ashram, una volta, dopo il darshan, era seduto dietro ad Amma. Stava gioendo del fatto di essere in presenza di Amma ma nello stesso tempo, era anche consapevole di tutto quello che stavano facendo gli altri. Si chiedeva, vedendoli seduti intorno ad Amma dopo aver ricevuto il darshan: "Perché tutta questa gente sta seduta proprio qui? Perché non si alzano e non fanno qualcosa di utile?" Proprio in quel momento, Amma si girò verso di lui e, guardandolo negli occhi, disse: "Alzati e va' a lavorare, fannullone!" Sbalordito dalla natura onnisciente di Amma, saltò in piedi e corse verso la cucina – il giusto posto dove andare – e si mise a far qualcosa. In seguito, non dimenticò di servire il suo stomaco!

Se siamo consapevoli che Amma conosce ogni cosa di noi – tutte le nostre piccole aspirazioni e desideri segreti – possiamo costantemente ricordarLa e rimanere in sintonia con Lei.

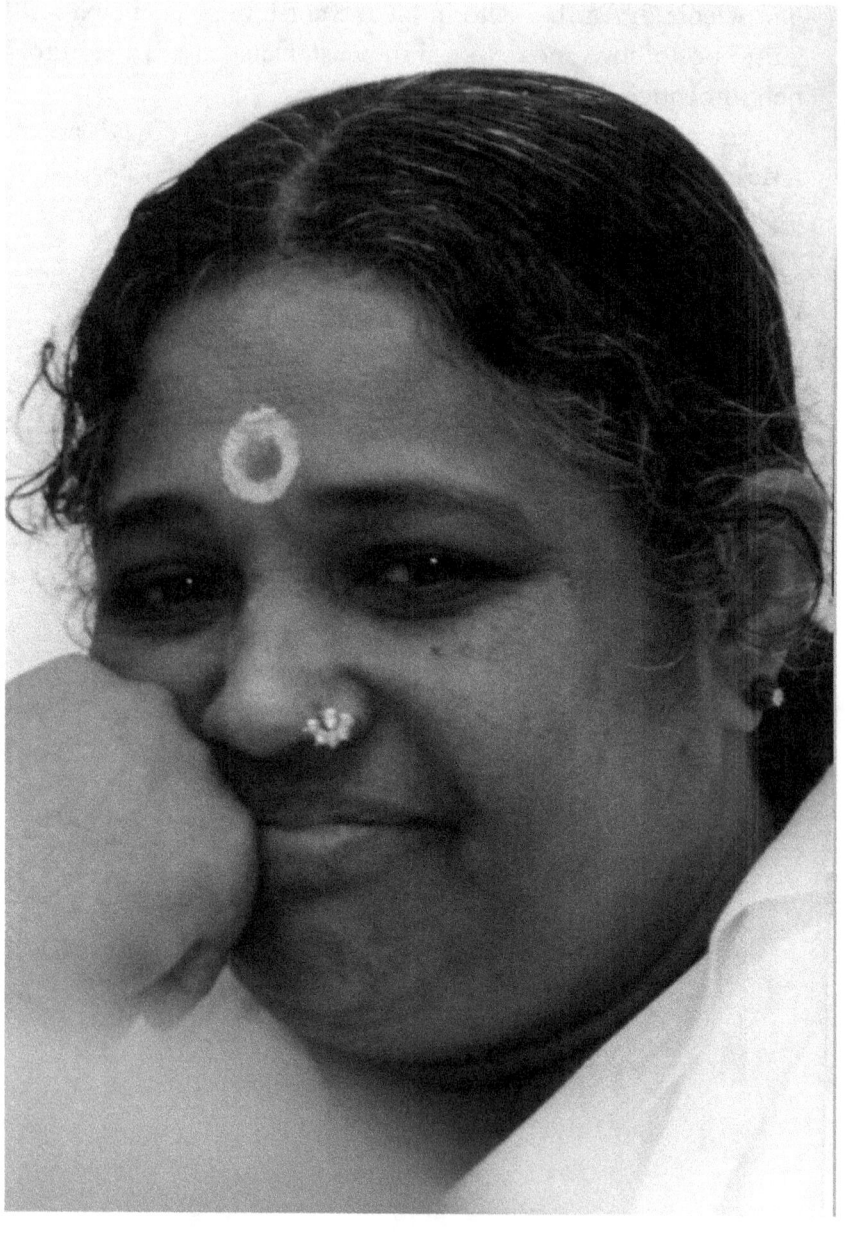

Capitolo 6

Risveglio e sviluppo del potenziale spirituale

Eleva te stesso mediante il tuo Sé

uddhared ātmanā'tmānaṁ nā'tmānam avasādayet
ātmai'va hy ātmano bandhurātmai'va ripur ātmanaḥ

Eleva te stesso mediante il tuo Sé.
Non pensare male di te stesso e non condannarti.
Il Sé solo è il tuo benefattore.
E il Sé solo è il tuo nemico.

– Bhagavad Gita, Capitolo VI, Verso 5

Non biasimate mai voi stessi in nessuna circostanza, poiché la coscienza è divina. Lasciate che il mondo intero rida di voi, affermando che siete un fallimento totale nella vita, ma non credetelo. Non abbiate un solo grammo d'autocommiserazione. Voi avete un infinito potere dentro di voi: reggendovi a quel potere di Verità, elevate voi stessi.

Ogni cosa connessa alla vita di Amma fu una sfida, eppure Ella affrontò ogni esperienza con coraggio e determinazione. Amma mostra a tutti noi la via per realizzare la nostra divinità malgrado tutti i problemi nella vita. La divinità è il nostro diritto di nascita e la nostra vera natura. Quando incontriamo un Maestro come Amma ci sentiamo ispirati ad intraprendere una ricerca spirituale. Un vero Maestro ci aiuta essendo una costante fonte di ispirazione.

Amma crebbe come una comune ragazza di villaggio, senza particolari vantaggi nonostante fosse straordinaria internamente. Non ebbe una vita lussuosa e dovette lottare ad ogni passo della strada, ma perseverò.

Quando Amma cominciò a dare il darshan in Krishna Bhava e in Devi Bhava, alcune persone La calunniarono perché abbracciava persone di sesso opposto. Poiché gli abitanti del villaggio La vedevano come una persona ordinaria, non come Krishna o la Devi, La accusarono di fuorviare i devoti in nome della devozione. Ma Amma continuò ad offrire con amore il darshan, e oggi Ella abbraccia centinaia di migliaia di devoti l'anno, in tutto il mondo. Quando Amma consacrò il primo Tempio Brahmasthanam[6] a Kodangallur, nel Kerala, dotti religiosi e sacerdoti ne fecero un caso: una donna stava consacrando un tempio! Amma non rinunciò. Oggi, ci sono diciassette templi simili, consacrati da Amma, e ognuno rappresenta una fonte di sollievo per migliaia di persone che partecipano alle cerimonie religiose in quei luoghi.

Per Amma sarebbe stato facile abbandonare i Suoi sforzi in un qualsiasi momento del cammino e vedere Se stessa come un fallimento, ma non lo fece. Affrontò opposizione e critiche senza permettere che intaccassero la Sua mente. Al contrario, Ella si dedicò a realizzare la Sua missione. La Sua vita è il miglior esempio concreto da seguire per tutti.

---

[6] Nati dall'intuizione divina di Amma, questi templi unici sono i primi a mostrare più divinità in una sola icona. L'icona ha quattro facce rappresentanti Ganesha, Shiva, Devi e Rahu, per sottolineare l'unità alla base dei molteplici aspetti del Divino.

La mente isolata

Nei primi anni c'erano molte persone che si opponevano ad Amma con forza, anche se Lei non aveva fatto loro alcun torto. Gli abitanti del villaggio non avevano conoscenze né sulla spiritualità, né sulla vita di un ashram. Inoltre erano gelosi perché non riuscivano ad immaginare come una ragazza di villaggio, che sembrava una di loro, potesse essere diventata così famosa. Persone da tutta l'India e da altre parti del mondo arrivavano per incontrare Amma. Così, a causa di questa ignoranza e gelosia, gli abitanti del villaggio cominciarono a creare dei problemi. Volevano liberarsi di Amma in un modo o nell'altro. Tali erano il loro odio e ostilità!

A quei tempi Amma aveva l'abitudine di andare in diverse case per officiare le *puja* (riti di adorazione). Molte famiglie soffrivano a causa degli effetti della magia nera. I praticanti di quegli atti malvagi impregnavano di spiriti malefici certi oggetti – come una conchiglia o un talismano – usando determinati mantra. Poi seppellivano l'oggetto nel cortile della casa prescelta. Molte famiglie afflitte da ciò si erano rivolte ad Amma. Lei le aiutava eseguendo una puja nella loro casa, oppure andava in un luogo del cortile e chiedeva ai membri della famiglia di scavare in quel punto. Trovato l'oggetto maledetto, potevano disfarsene e con ciò liberarsi dagli effetti della maledizione.

In verità, Amma non aveva bisogno di fare tutto ciò perché, anche se era stata davvero fatta una magia nera, il Suo sankalpa era sufficiente per rimuoverla. A volte Amma prendeva addirittura su di Sé gli effetti della maledizione, per salvare i membri della famiglia. Ma poiché alcuni devoti non avevano la salda fede che Amma potesse farlo anche solo con la volontà, Amma andava a casa loro e compiva una puja per tranquillizzare le loro menti.

Spesso, quando Amma andava in queste case, c'erano persone che La schernivano e La insultavano e che talvolta Le tiravano perfino delle pietre. Nessun altro avrebbe potuto affrontare questo tipo di opposizione con tale forza ed equanimità mentale. Anche quando così tanta gente era contro di Lei, Ella non ne era minimamente disturbata. Quando la mente è stabile nella Verità Suprema, nulla può turbarla. Sorriderete perfino se qualcuno cerca di uccidervi. Questa è la grandezza di essere stabili nel Sé. Amma è il perfetto esempio di questa verità.

A quei tempi, i genitori di Amma erano soliti sgridarLa violentemente. I Suoi genitori erano molto severi, perché avevano altre tre figlie in età da marito e avevano sempre paura di guadagnarsi una cattiva reputazione. A quei tempi, in India, specialmente nei villaggi, era considerato tabù per una ragazza e un ragazzo parlare spesso insieme. Se una ragazza adolescente passava troppo tempo con un ragazzo, i genitori si arrabbiavano molto. La gente avrebbe cominciato a diffondere chiacchiere su di lei e nessuno l'avrebbe più sposata. Per questo motivo i genitori di Amma insistevano con forza che tutti noi ragazzi lasciassimo l'ashram subito dopo la fine del Devi Bhava. Nessuno era autorizzato a restare là dopo il Devi Bhava. Amma si sentiva sempre triste ogni qualvolta i Suoi genitori ci cacciavano. Ma non c'era nulla che Lei potesse fare, perché viveva ancora con loro.

Un giorno, dopo la fine del Devi Bhava, io restai indietro ad aspettare un altro devoto. Quando Amma mi vide, uscì a chiedermi se c'era qualche problema e come mai fossi seduto là. Non appena Sua madre La vide parlare con me, arrivò e cominciò a sgridare Amma, usando parole molto dure e crudeli. Tirò bruscamente Amma per un braccio e La riportò in casa.

Trovai terribile che a causa mia Amma avesse ricevuto un rimprovero così severo. Ero profondamente addolorato e toccato dalle violente parole che erano state dette contro di Lei. Dopo un po' di tempo Amma ritornò al tempio ma io mi nascosi dietro ad un muro, perché non volevo costituire ancora un problema per

Amma. Più tardi andai al tempio e trovai Amma che meditava come di solito, come se nulla fosse accaduto. Io, al contrario, non potei meditare per molti giorni, perché ero turbato dal modo in cui l'aveva trattata Sua madre. Era doloroso per me vedere Amma sgridata a quel modo. Ancora oggi, ogni volta che ricordo quel fatto, mi vengono le lacrime agli occhi.

Tuttavia, riguardo al comportamento dei genitori di Amma, non c'è senso nel biasimarli: come tutti i genitori, volevano che le loro figlie si sposassero ed erano preoccupati perché se una delle loro quattro figlie non si fosse sposata, ciò avrebbe creato una cattiva reputazione alla famiglia. Inoltre, a quel tempo, essi non sapevano chi fosse Amma e non avevano neppure la preparazione spirituale per comprenderLa. Col passare del tempo, la loro attitudine cambiò. Dopo aver letto dei libri e parlato con i devoti e i residenti dell'ashram, essi lentamente realizzarono la grandezza di Amma. Fu a causa della loro ignoranza che La trattarono così male durante i suoi primi anni di vita.

Se guardo indietro a quell'incidente accaduto dopo il Devi Bhava, capisco l'importanza di rimanere sereni e distaccati da ogni cosa negativa che può accaderci. In Amma possiamo vedere un atteggiamento equanime: elogi o critiche non la toccano, poiché Lei ha isolato la Sua mente ed è sempre stabile nel Suo Sé.

Amma dice: "Non siate soddisfatti del vostro stato ordinario di coscienza terrena. C'è uno stato supremo di beatitudine, uno stato di onniscienza e di onnipotenza che può essere raggiunto da ciascuno di voi. Dirigete la vostra mente e le vostre attività verso questo fine e sforzatevi di ottenere la meta finale."

Tutti hanno una mente imperfetta: alcuni hanno molta rabbia dentro, altri hanno odio, impazienza, avidità o gelosia, ma abbiamo tutti anche delle qualità positive. Dovremmo lavorare sodo per rimuovere i tratti negativi e migliorare le qualità positive della nostra mente. Ciò ci renderà veramente felici e la nostra vita sarà una benedizione per il mondo.

La percezione è come chi percepisce

Quando siamo disturbati da un'emozione negativa, possiamo cercare di sostituirla con una positiva. Per esempio, quando sentiamo dell'odio per qualcuno, possiamo cercare di coltivare o nutrire il sentimento dell'amore. Amma afferma che dovremmo cercare di ricordare qualche buona parola detta da quella persona, una buona azione o un qualunque aiuto lei ci ha offerto. Così, possiamo lentamente ridurre l'odio nella nostra mente. Se siamo arrabbiati con qualcuno, dovremmo cercare di coltivare verso di lui il sentimento della compassione o del perdono. Potrà non essere possibile andare ad abbracciare quella persona e dire: "Ti voglio tanto bene!", tuttavia, possiamo cercare di essere indulgenti e gentili almeno mentalmente. Sia che incominciamo oggi oppure domani, se vogliamo veramente liberarci dal fardello e dall'inquietudine creati dai nostri sentimenti negativi, è essenziale provare ed esprimere amore e compassione.

Se ci sentiamo tristi e turbati a causa di qualche insuccesso nella vita, dovremmo cercare di pensare a qualche nostro successo ed esserne grati a Dio. In questo modo, sostituendo emozioni positive a quelle negative, possiamo lentamente ridurre la forza dei nostri sentimenti negativi.

Supponiamo di guardare un cespuglio di rose in fiore. Ci sono due modi di guardarlo: uno è quello di vedere i bei fiori in mezzo a molte spine. Questo è il modo positivo, dimenticando totalmente le spine e gioendo dei fiori. Un altro modo di guardarlo è focalizzarci sul numero delle spine ed essere irritati e arrabbiati con Dio per averle create. È a noi la scelta: possiamo guardare i fiori oppure focalizzarci sulle spine, entrambi esistono. Quello che vediamo dipende dal nostro modo di vedere o prospettiva. Allo stesso modo, se possiamo guardare alle esperienze felici della nostra vita, esse ci daranno forza, ma se guardiamo soltanto le esperienze dolorose, diventeremo deboli e depressi. La vita di tutti è una miscela di successo e fallimento; dunque, quando abbiamo successo, possiamo esserne grati a Dio, se invece falliamo, continuiamo pure a cercare il successo e se non lo otteniamo nonostante i nostri migliori sforzi, allora impariamo ad accettare la situazione con un'attitudine positiva. Nel mezzo di tutte le potenti forze della natura, anche se siamo deboli, piccoli e limitati in termini di conoscenza e capacità, siamo in grado di sopravvivere. Siamo così piccoli e insignificanti in questo enorme creato – un incidente o la morte possono capitare ovunque e in ogni momento, così ogni giorno quando ci svegliamo dovremmo essere grati a Dio. Questo è un modo positivo di guardare la vita. Questa vita è il risultato di quello che abbiamo fatto nel passato, quindi, ritoccando e correggendo la nostra vita nel presente, possiamo sempre creare un futuro migliore. Ecco perché Amma afferma che dovremmo cercare di vivere pienamente e positivamente nel presente. Se pensiamo agli insuccessi del passato e ci preoccupiamo dei problemi futuri, non possiamo fare buon uso del presente. Amma dice: "Il presente è un presente, un dono di Dio. Dunque usatelo bene."

Una volta, Swami Paramatmananda, un altro dei primi discepoli di Amma, dovette sottoporsi a una chirurgia spinale negli Stati Uniti. La maggior parte dei discepoli o devoti che deve affrontare procedure mediche importanti desidera parlare con Amma e avere la Sua benedizione. Certamente poche parole di Amma in un simile momento ci danno un'immensa forza e consolazione. Swami Paramatmananda cercò molte volte di parlare con Amma al telefono ma non ci riuscì. La cosa fu riferita ad Amma ed Ella cercò di mettersi in contatto con lui, ma senza successo a causa delle linee telefoniche scadenti. Poi Amma partì per un programma in un'altra città dove la folla era enorme e fu così occupata da non trovare il tempo per chiamarlo.

Swami Paramatmananda affrontò l'operazione, che andò bene. Dopo qualche giorno Amma lo chiamò e s'informò della sua salute. Amma gli chiese inoltre se era arrabbiato con Lei per non averlo chiamato. Egli rispose: "No, Amma. Ho pregato Amma dentro di me e mi sono sentito così sereno." Anziché sentirsi abbattuto perché Amma non gli aveva telefonato, egli aveva tratto coraggio e conforto dalla Sua presenza interiore.

In situazioni analoghe, se non riceviamo da Amma un'attenzione o consolazione personale, invece di scoraggiarci, dovremmo cercare di trarre coraggio e consolazione dalla Sua presenza interiore. Situazioni simili possono aiutarci a farci sentire la presenza del nostro Maestro in noi e a sviluppare forza e maturità. Una situazione può essere vista come un ostacolo o come un sostegno; dipende dal nostro approccio e dalla nostra prospettiva.

L'amore altruistico di un Satguru

Ci sono molte persone che pretendono di essere Guru realizzati del più alto ordine. Generalmente, un vero Maestro non rivendica nulla. Chi dovremmo accettare come nostro Guru? Abbandonarsi ad un falso guru può causare caos e confusione nelle nostre vite. Ci sono alcune indicazioni che possiamo seguire con sicurezza nel prendere questa importante decisione.

Un segno inconfondibile di un Satguru è l'amore e la compassione incondizionati che riversa su tutti. Un Satguru non è mai avido di denaro, potere o fama.

La maggior parte di noi ha sperimentato l'innamora-mento terreno per un'altra persona. In un modo opposto, alla presenza di un vero Maestro sperimentiamo la bellezza dell'amore divino.

Il tocco magico di questo amore divino purifica e santifica ogni situazione, ogni relazione e ogni azione nella vita. Questa esperienza ci offre una nuova opportunità di imparare ad amare altruisticamente. È molto difficile amare un'idea con tutto il cuore, per quanto elevata e nobile possa essere. Dopo aver incontrato Amma diviene più facile perseguire il concetto di amore disinteressato. La mente umana ha bisogno di un tocco personale affinché i semi dell'amore germoglino. Amma è felice di aiutare se qualcuno cerca amore, attenzione e cura. Il Guru è interessato solo al nostro benessere e alla nostra crescita, nient'altro. Non vuole niente in cambio.

Quando qualcuno come Amma è a nostra disposizione, possiamo facilmente rivolgere i nostri cuori verso Lei. Cerchiamo per lo meno di amare Amma senza aspettarci niente, Ella sta conservando il Suo corpo solo per offrirci altruisticamente una forma tangibile per il nostro amore disinteressato.

Anche se il Maestro è nel corpo, rappresenta la Verità al di là del corpo. Grazie al Maestro possiamo scorgere la Verità, perché il Maestro è una rappresentazione perfetta della Verità, dell'amore altruistico e della compassione.

Se attraversiamo esperienze dolorose dopo essere arrivati da un Guru, possiamo considerare queste esperienze come un modo per rimuovere o esaurire il nostro karma passato poiché, sebbene Amma possa assorbire o mitigare il karma dei Suoi devoti, Ella dice: "Dobbiamo sperimentare una certa percentuale del nostro karma negativo."

Il karma è il risultato di quello che abbiamo fatto nel passato. Tutti devono attraversare le esperienze prodotte dal loro stesso karma ma, con la grazia del Satguru, la nostra sofferenza può essere ridotta. Se il cattivo karma non può essere mitigato, il Satguru ci può aiutare donandoci la forza mentale necessaria per far fronte alla situazione.

Correndo sul filo del rasoio

Quando sperimentiamo qualcosa di doloroso, non è per la mancanza d'aiuto del Satguru: è a causa della natura del nostro karma negativo. Non dovremmo dare la colpa al Guru. Si sentono spesso delle persone che dicono: "Guarda per quanti anni ho pregato il Guru! Allora, come può capitarmi questo?" Dovremmo invece considerare tutti i benefici che abbiamo ricevuto grazie al Guru; in questo modo, la nostra fede può essere rinforzata.

Incolpando o allontanandoci dal Satguru, possiamo incorrere in maggior dolore e sofferenza: è proprio come fuggire da un dottore per evitare il dolore di un'iniezione. Potete credere di essere scampati al dolore, mentre tutto quello che avete fatto è negare al dottore l'opportunità di salvarvi da un dolore e da una sofferenza più grandi.

Vorrei raccontare un'esperienza di Swami Purnamritananda, un altro dei primi discepoli di Amma. Questo episodio accadde molti anni fa, subito dopo il suo incontro con Amma. A quel tempo Swami Purnamritananda (allora Srikumar) viveva ancora con i suoi genitori, ma desiderava restare all'ashram giorno e notte senza mai ritornare a casa. Era figlio unico e i suoi genitori non erano felici della situazione e spesso cercavano di scoraggiarlo a ritornare all'ashram. Poiché egli era risoluto a passare la maggior parte del suo tempo là, trovarono un compromesso, acconsentendo che passasse il giorno con Amma ma che dovesse tornare a casa ogni notte; perciò egli visitava l'ashram quotidianamente ma era solito ripartire dopo i bhajan della sera per accontentare i suoi genitori.

Una sera mentre stava preparandosi ad andare, Amma gli disse di restare all'ashram quella notte. Swami Purnamritananda rispose ad Amma che se fosse rimasto quella notte, i suoi genitori non gli avrebbero certamente permesso di tornare all'ashram il giorno dopo. Ma Amma insistette. Non volendo disobbedirLe, accettò di restare.

Più tardi quella notte, dopo cena, Swami Purnamritananda stava camminando avanti e indietro vicino al piccolo tempio, ripetendo il suo mantra, quando udì un fruscio nell'erba ai suoi piedi e si fermò per trovare la fonte di quel rumore: improvvisamente sentì una fitta al piede. Esplorando il terreno vide la sagoma di un serpente che strisciava nel buio e urlò dal dolore e dallo shock. Amma immediatamente si alzò da dove si trovava all'interno del tempio con alcuni brahmachari e si precipitò al suo fianco. Egli era senza parole e poté soltanto mostrare ad Amma la ferita del suo piede. Senza esitazione, Amma si chinò e mise la bocca sulla ferita, succhiando il veleno e sputandolo a terra. Dopo aver ripetuto numerose volte questo procedimento, Ella legò una pezza sulla ferita e siccome Swami Purnamritananda era ancora un po' scosso, lo mandò da un guaritore locale, che era conosciuto per la sua abilità a trattare i morsi di serpente.

Il guaritore esaminò Swami Purnamritananda e gli disse che era stato morso da un serpente molto velenoso, ma che il veleno sembrava essere uscito e sarebbe stato meglio rapidamente. Il guaritore poi gli diede alcune erbe medicinali e lo congedò.

Più tardi, quella notte, Amma disse a Swami Purnamritananda che astrologicamente stava attraversando un brutto periodo, e siccome era certa che i suoi genitori non ci avrebbero creduto solo per il fatto che lo aveva detto Lei, gli consigliò di consultare un astrologo.

Il mattino dopo egli tornò in famiglia. I suoi genitori erano arrabbiati con lui per non essere ritornato la notte precedente. Egli chiese loro di ascoltarlo e mostrò la ferita al piede, ma essi dissero solamente che non sarebbe stato morso dal serpente se avesse mantenuto la parola data e se fosse tornato a casa la notte prima.

Swami Purnamritananda li informò anche di quello che Amma aveva detto circa la sua situazione astrologica. Essi concordarono che un morso di serpente era un cattivo presagio e pochi giorni dopo lo portarono da un astrologo. Consultando il tema natale di Swami Purnamritananda, l'astrologo fu sorpreso di vedere che il suo cliente era ancora vivo! Disse che secondo il suo quadro astrologico dovunque si trovasse quella notte era destinato a ricevere un morso fatale di serpente. "Tu sei senza dubbio sotto la protezione divina", disse l'astrologo.

"Vedete", disse Swami Purnamritananda ai suoi genitori, "voi avete detto che ero stato morso da un serpente soltanto perché ero rimasto con Amma quella notte, in realtà, sarei stato morso da un serpente quella notte dovunque fossi stato. Se fosse accaduto a casa, avreste succhiato il veleno dalla mia ferita come ha fatto Amma? Inoltre la nostra casa si trova in un posto remoto: non sarei stato in grado di raggiungere un ospedale in tempo. Se avessi disubbidito ad Amma e fossi ritornato a casa quella notte, sarei morto."

La natura di alcuni karma è tale che esso deve essere sperimentato in un corpo umano. Se Amma elimina tale tipo di karma in un'altra persona, deve sperimentarlo Lei stessa. Amma dice che se Lei prende una malattia grave da un altro, può esaurire quel karma in pochi minuti, mentre quella persona dovrebbe altrimenti soffrirne per molti anni.

Uno dei brahmachari, che era ben qualificato e aveva un buon lavoro, fu completamente trasformato dopo aver incontrato Amma. Nel giro di pochi giorni egli lasciò il lavoro e si unì all'ashram. Amma lo avvertì di aspettarsi molti problemi da parte della sua famiglia.

I suoi genitori e parenti cercarono in tutti i modi di costringerlo a lasciare l'ashram. Cercarono perfino di rapirlo ma fallirono nei loro propositi. Alla fine fecero ricorso alla magia nera, potente abbastanza da procuragli una seria malattia o addirittura ucciderlo. Nessuno seppe nulla di ciò finché Amma non ce ne parlò molti mesi dopo.

All'improvviso Amma cominciò a tossire. La tosse peggiorò e nel giro di pochi giorni tossiva incessantemente. Ma, straordinariamente, la tosse si interruppe durante il Devi Bhava. Poi, non appena il Devi Bhava fu terminato, Ella ricominciò a tossire intensamente. Cercammo di persuaderLa a farsi visitare da un medico ma Ella rifiutò. Tutti i brahmachari erano terribilmente preoccupati. Molti di noi cominciarono a digiunare come austerità per la salute di Amma. Quando Amma seppe ciò, disse di interrompere il digiuno, ma noi non smettemmo. Volevamo digiunare finché non si fosse fatta curare. Amma allora ci disse che la Sua salute si sarebbe ristabilita in una settimana, indipendentemente dal nostro digiuno o anche dalla visita di un medico, perché la Sua tosse non era il risultato di un'infezione o di qualche malattia ma era dovuta all'effetto della magia nera.

Come Amma aveva predetto, esattamente una settimana dopo la Sua tosse improvvisamente scomparve e Lei ritrovò la salute. Ci disse in seguito che se non avesse presso su di Sé gli effetti di quella magia nera, essa avrebbe ucciso la persona contro la quale era destinata. Dunque, per la Sua compassione aveva preso su di Sé gli effetti di quella terribile azione.

L'importanza delle pratiche spirituali

Se ci impegniamo a raggiungere la meta della spiritualità, dobbiamo renderci conto che il sentiero spirituale non è tappezzato di rose. In realtà, il sentiero è difficile, ma gli ostacoli non devono essere una scusa per abbandonare le nostre pratiche spirituali. Pensate alla pienezza e alla perfezione che possono essere ottenute raggiungendo il traguardo dell'unione con il Supremo, lo stato di Yoga.

Talvolta, noi possiamo voler trovare dei compromessi per la nostra meditazione o altre pratiche spirituali. C'è spesso qualcosa di "più importante" che deve essere fatto al loro posto. La meditazione e le altre pratiche spirituali sono sulla nostra lista quotidiana di cose da fare, ma queste voci sono spinte in fondo all'elenco delle priorità. Magari siamo capaci di giustificare la nostra decisione, pensando che la meditazione e le altre pratiche spirituali possano essere fatte il giorno successivo. L'incostanza nella nostra pratica spirituale è una delle ragioni per cui non siamo in grado di fare alcun progresso stabile sul sentiero spirituale.

La nostra ricerca spirituale deve essere sincera, solo allora ci saranno dei reali risultati. Dobbiamo essere consapevoli della necessità e urgenza delle nostre pratiche spirituali.

Tante persone sono molto occupate, ma trovano comunque un'ora o due per camminare o per fare un po' di ginnastica ogni giorno su consiglio del medico. Sanno che altrimenti potrebbero avere seri problemi di salute. Per quanto siano impegnate, queste persone non trascureranno i loro esercizi.

Nello stesso modo, la meditazione deve diventare una parte importante della nostra vita. Amma dice sempre che la meditazione, il *japa* (ripetizione di un mantra) e altre pratiche spirituali sono preziose come l'oro. Queste pratiche ci danno sia crescita spirituale sia prosperità materiale. Inoltre ci aiutano a mantenere la nostra salute mentale ed emozionale, perciò il tempo speso in meditazione e nelle altre pratiche spirituali non sarà mai uno spreco.

L'approccio al cinquanta per cento

Se passiamo un giorno intero ascoltando discorsi su Dio e pensando solo a Lui, il giorno seguente pensiamo che vada bene anche se non meditiamo e invece guardiamo la televisione tutto il giorno, poiché abbiamo dedicato la giornata di ieri a pensare a Dio. Se passiamo un giorno in questo modo, e il successivo in quell'altro, non faremo nessun vero progresso. Per avere il completo beneficio, Amma consiglia: "Qualunque cosa facciate, qualunque cosa diciate, qualunque cosa pensiate – tutto deve prepararvi alla meditazione", altrimenti è come fare dieci passi avanti e poi dieci passi indietro.

Si dice che metà di quello che otteniamo è realizzato grazie al nostro sforzo e il resto alla grazia di Dio. Alcuni dicono: "Io mi accontento di metà successo, e lascio che Dio mi dia per primo la Sua parte. Io sto seduto e mi rilasso." Amma dice che un approccio a metà come questo non ci dà il completo beneficio. L'acqua bolle a 100 gradi centigradi. Ma non significa che a 50 gradi, il 50% dell'acqua bolla!

Una volta un uomo in viaggio d'affari rimase bloccato in una piccola città a metà strada. Quella notte si fermò in un motel e poiché stava viaggiando da due o tre settimane, ebbe nostalgia di sua moglie, dei bambini e specialmente del delizioso pollo al curry che sua moglie gli preparava spesso. Pensava: "Oh, come sarebbe bello avere un po' di pollo al curry come lo fa mia moglie!" Siccome continuava a pensarci, il desiderio di avere del pollo al curry divenne travolgente. Sfogliò l'elenco del telefono e con sua piacevole sorpresa, scoprì che proprio a pochi isolati c'era un ristorante dove si serviva il pollo al curry. Poiché era già tardi, non volle correre alcun rischio e così prese un taxi per andare al ristorante. Nel menù trovò esattamente il piatto a cui stava pensando. Non appena ebbe ordinato quella pietanza il cameriere gliela servì. Egli fu sorpreso dalla quantità della porzione: il piatto traboccava di pezzi di petto di pollo, nonostante il prezzo ragionevole. Egli pensò: "Oh, devo dire a tutti i miei amici di venire a mangiare qui!". Quando cominciò a mangiare, tuttavia, pensò: "Mi hanno dato così tanto pollo, ma neanche un boccone ha sapore di pollo. Sa di carne di manzo." Chiamò il cameriere e gli chiese: "Che cosa c'è in questo piatto?"

"Solo petto di pollo, nient'altro", rispose il cameriere.
L'uomo non fu soddisfatto dalla risposta e così andò dal direttore e disse a voce alta: "Ho chiesto pollo al curry, ma ho avuto qualcos'altro. Non un solo pezzo sa di pollo!"
"No, signore, è decisamente pollo. Non c'è nient'altro in quel piatto", disse il direttore.
"Non ci credo, " esclamò l'uomo d'affari, "andrò a lamentarmi dalle autorità!"
Allora il direttore disse a bassa voce: "Signore, se ha delle lamentele, le restituirò il suo denaro. La verità è che oggi siamo rimasti a corto di pollo, così abbiamo aggiunto un po' di manzo al pollo al curry."
"Soltanto un po'! Tutti i pezzi sapevano di manzo. Quanto manzo avete aggiunto al pollo?"
"Solo il cinquanta per cento, signore."
"Il cinquanta per cento? Non ci credo! Intende dire che avete aggiunto il manzo al pollo in quantità uguali?"
"Non esattamente, signore. Per cinquanta per cento, intendo un pollo per una mucca!"
Nessuna meraviglia se l'uomo d'affari non riuscì a trovare nessun pezzo di pollo nel piatto!
Possiamo passare un giorno in un ashram e il giorno dopo trascorrere il nostro tempo al casinò. A causa della nostra mancanza di ricettività, perfino passare un intero giorno all'ashram avrà un effetto minimo, mentre se passiamo un solo giorno in un casinò, l'effetto può essere molto forte, a causa delle nostre profonde vasana. In una tale situazione, qualunque beneficio ricaviamo dalle pratiche spirituali non sarà pienamente realizzato, proprio come il sapore di un pollo sarà sopraffatto da quello di una mucca.
Amma afferma che per ottenere il massimo dalle pratiche spirituali è importante che tutti noi coltiviamo qualche tipo

di disciplina nella nostra vita: digiunare, mantenere un voto di silenzio in specifiche ore del giorno, fare più meditazione, passare più tempo ripetendo un mantra, leggere libri spirituali, ecc. La disciplina spirituale può prendere qualunque forma, a seconda di ciò che è adatto per noi.

Capitolo 7

Preparazione alla meditazione

Aum shanti, shanti, shanti

Shanti significa pace. Molto spesso, eventi di buon auspicio si concludono con il mantra "Aum shanti, shanti, shanti". I disturbi alla nostra pace hanno tre origini, ecco perché ripetiamo "pace" tre volte.

1) Agitazioni che provengono da forze naturali (*adhi daivikam*). Appartengono a questo gruppo terremoti, cicloni, inondazioni, siccità, caldo e freddo. Possiamo meditare tranquillamente nel bel mezzo di un terremoto, o quando un'inondazione sta allagando casa nostra? Noi non abbiamo controllo su questo genere di cose, possiamo soltanto metterci in salvo e implorare che queste forze naturali si plachino. Ecco perché recitiamo il primo "shanti".

2) Agitazioni che sperimentiamo nel mondo intorno a noi (*adhi bhautikam*). Se il figlio dei nostri vicini suona a tutto volume della musica pop, o disco, oppure se il loro cane abbaia quando stiamo cercando di meditare, ciò costituirà un ostacolo alla nostra meditazione. Insetti, mosche, e il rumore dei veicoli in strada sono esempi di disturbi di questo tipo: ad alcuni di essi possiamo rimediare, perché sono parzialmente sotto il nostro controllo. Per esempio, se il figlio dei nostri vicini disturba troppo, possiamo parlare con lui o con i suoi genitori. Se ciò non funziona, possiamo chiamare la polizia. Oppure, se gli insetti c'infastidiscono mentre

cerchiamo di meditare, possiamo sedere sotto una zanzariera o bruciare una spirale contro le zanzare per liberarcene.

3) Agitazioni che provengono dall'interno *(adhyatmikam)*. Queste sono le nostre preferenze e avversioni, rabbia, gelosia, tensioni, irrequietezze, ecc. Tutti noi soffriamo di questi disturbi interiori e, sebbene al momento siamo alla loro mercé, li possiamo portare totalmente sotto il nostro controllo grazie ad un'appropriata pratica spirituale. Se siamo attenti e capaci di usare il nostro discernimento, possiamo controllare tutte le tendenze negative della mente. Le agitazioni che sorgono dall'inter-no sono le più potenti di tutte, più di un terremoto o un ciclone, perché possono distruggere completamente la nostra pace e felicità. Fortunatamente, questo terzo tipo di agitazioni può essere eliminato del tutto, al contrario dei primi due tipi.

Una volta Amma raccontò la seguente storia. C'era un uomo che voleva trovarsi in un'atmosfera che fosse perfetta per la sua meditazione. Sperimentò molti posti differenti. Ovunque andasse, c'era qualche tipo di disturbo: gli uccelli cinguettavano, i cani abbaiavano, o delle persone litigavano e strillavano. Allora pensò: "Voglio una stanza insonorizzata". Allora si sedette in una stanza insonorizzata e cominciò a meditare. Come ben sappiamo, quando c'è un assoluto silenzio perfino un piccolo suono viene percepito come un grande rumore. Mentre meditava nella stanza insonorizzata, anche il ticchettio del suo orologio lo disturbava; il rumore sembrava così forte che alla fine gettò via l'orologio. Poi riprese la meditazione. Dopo un poco, cominciò a sentire il battito del suo cuore. Quando l'orologio faceva troppo rumore, lo aveva gettato via, ma ora come poteva disfarsi del cuore?

Amma afferma che non è possibile una libertà totale dalle agitazioni che provengono dall'esterno perché il mondo non è morto – è vivo. C'è così tanta attività nel mondo che ci sarà sempre qualche rumore o disturbo. Se non ci fossero disturbi quando

Preparazione alla meditazione

cerchiamo di meditare, probabilmente ci addormenteremmo. È molto facile per la maggior parte di noi addormentarsi quando non ci sono rumori. Molti di noi non hanno difficoltà a dormire nemmeno in mezzo a veri frastuoni: sono stato testimone di persone che dormivano perfino nella stanza in cui venivano suonati bhajan a tutto volume!

Nei primi anni, quando l'ashram era molto piccolo, c'erano soltanto un minuscolo tempio e due o tre capanne dove vivevamo. L'ashram era circondato da canali d'acqua e lì vicino gli abitanti facevano corde con la fibra delle noci di cocco.

La fibra della noce di cocco (la fibra esterna verde) è tenuta in acqua per diversi giorni, poi viene tirata fuori e battuta con un bastone finché ogni fibra non si sia separata. La corda è fatta intrecciando insieme queste fibre.

Dalle sette del mattino in poi potevamo sentire il rumore di 300 donne che battevano le fibre di cocco con i bastoni, mentre parlavano a voce alta! Era un vero disturbo. E quello era il momento in cui ogni mattina cominciava la nostra sessione di meditazione, insieme ad Amma seduta tra noi. Era un buon allenamento a sforzarci di superare i disturbi esterni.

Amma era solita dire: "È facile meditare nelle grotte delle montagne dell'Himalaya. Non c'è nessuno che ci disturbi. Se otteniamo la stessa profonda meditazione nel mezzo di un mercato, allora si può affermare che siamo diventati maestri nell'arte della meditazione."

Una mente pura è il fattore più importante nella meditazione. Una volta che la mente diviene pura e matura, non ci sarà più nessun disturbo. La meditazione diventerà spontanea.

Calmare i disturbi interni

All'inizio è necessario fare qualche adattamento mentale prima di cercare di tuffarci in profondità nella meditazione. È naturale che ci siano fattori di disturbo interni o esterni e, di qualsiasi tipo essi siano, non saremo in grado di meditare o fare altre pratiche spirituali senza adeguarci un po'. Dopo esserci adattati in una certa misura ai disturbi esterni, possiamo focalizzarci su quelli interiori, che, come già menzionato prima, includono le nostre preferenze ed avversioni, la rabbia, l'impazienza, ecc. Anche se la situazione esterna è molto calma e quieta, i disturbi nella nostra mente possono compromettere la meditazione.

Un giorno mi trovavo davanti al piccolo tempio dell'ashram. Dei bastoncini d'incenso stavano bruciando e una piacevole fragranza pervadeva l'aria. Un devoto si avvicinò e mi chiese dove avevamo acquistato quell'incenso meraviglioso. Risposi che lo facevamo noi all'ashram. Il devoto chiacchierò con me per un po' e poi entrò nel tempio a meditare. Le persone amano meditare nel tempio perché nei primi anni Amma vi dava il darshan del Devi Bhava, e di conseguenza le vibrazioni spirituali all'interno sono molto potenti e, per chi sa entrarvi in sintonia, la concentrazione è più facile.

Quando entrai nel tempio, un poco più tardi, vidi quella stessa persona in meditazione, seduta con la schiena eretta, gli occhi chiusi – una postura perfetta. Dopo qualche tempo, mentre stava uscendo dal tempio gli domandai se avesse avuto una buona meditazione. "No, Swami!" disse. "Non appena mi sono seduto e ho chiuso gli occhi, ho cominciato a pensare all'incenso. La scorsa settimana sono andato in un negozio a comprare dell'incenso, ma non era affatto di buona qualità, e il negoziante me lo ha fatto pagare troppo. Mentre cercavo di meditare, continuavo a pensarci e ho provato molta rabbia verso il negoziante. Nella mia mente, ho litigato con lui tutto il tempo."

Dunque, anche se quest'uomo era seduto nel tempio, un luogo saturo delle divine vibrazioni di Amma, non poté meditare neppure per un breve tempo. La sola cosa che riuscì a fare fu di litigare mentalmente con il negoziante! Anche se ci troviamo nell'atmosfera più adatta, se la nostra mente è distratta non possiamo meditare con tranquillità. Ecco perché è più importante lavorare sui disturbi interni che su quelli esterni. Amma afferma che possiamo sedere con un'eccellente postura, mentre internamente stiamo combattendo una gran guerra, ribollendo di rabbia, frustrazione o odio.

Integrare il mondo interiore con quello esteriore

Poiché rimuovere le nostre tendenze negative è un processo complicato, accettiamo spesso il compromesso di conviverci. Talvolta dissimuliamo tali sentimenti e esternamente ci comportiamo bene. Supponiamo di incontrare qualcuno che non ci piace affatto. Nonostante ciò, magari diciamo: "Sono così felice di vederti!" Forse quella persona non ci piace, ma non glielo diciamo. Lo nascondiamo perché questo è considerato un comportamento educato. Può capitare che stiamo aspettando da dieci minuti in una lunga fila al supermercato e che, proprio quando stiamo per perdere la pazienza, la cassiera risponde al telefono e spiega che deve allontanarsi dalla cassa per pochi minuti, ma che ritornerà subito. Noi diventiamo sempre più impazienti. Finalmente lei ritorna dicendo: "Mi dispiace tanto! Dovevo sbrigare una richiesta urgente."

Anche se ci sentiamo molto impazienti, diremo: "Non importa. Faccia con comodo." Questo sono maniere normali, civili. In un certo modo, è buona cosa che siamo capaci di nascondere o controllare i nostri sentimenti negativi e presentiamo un'immagine positiva di noi all'esterno. Possiamo avere un amico brutto, ma nonostante ciò, non gli diremmo mai: "Ehi, sei davvero un brutto anatroccolo!" Se questo amico per caso chiede: "Come sto?" gli diremo: "Stai bene," o addirittura: "Sei bello."

È appropriato essere educati con gli altri, anche se ci sentiamo in modo diverso internamente, ma mentre meditiamo dobbiamo essere completamente integrati. Quando meditiamo siamo faccia a faccia con la nostra mente: non possiamo nasconderci o mentire a noi stessi. Proprio per questo si dovrebbe prestare tanta attenzione alla correzione delle negatività della mente quanto alla tecnica della meditazione. È impossibile meditare a meno che la mente non sia relativamente calma e quieta, ma questo non significa che per cominciare a farlo dobbiamo attendere di diventare relativamente calmi: perché ciò creerebbe una tendenza a posporre la nostra pratica meditativa. Se pensiamo: "Adesso sono agitato e inquieto, allora aspetterò di essermi calmato e dopo comincerò a meditare", non accadrà mai. Abbiamo bisogno di meditare e simultaneamente di lavorare sulla nostra negatività. Amma ci dà una metafora: "Pensare che comincerete a meditare solo quando sarete completamente calmi e in pace equivale a stare sulla spiaggia aspettando che tutte le onde del mare si plachino per poter cominciare a nuotare. È impossibile."

Una volta, mentre Amma si trovava nel suo annuale tour dell'India del Nord, Ella visitò la città sacra di Haridwar, attraversata dal sacro fiume Gange. Mentre si trovava a Haridwar, Amma andò a fare il bagno nel Gange. L'acqua era così fredda che non noi riuscivamo a mettere neppure un piede in acqua. Intorno a noi, la gente stava facendo molto rumore – chi soffiava nelle conchiglie, chi ripeteva i mantra, bambini gridavano e strillavano, venditori cercavano di smerciare i loro prodotti. Amma guardava semplicemente il fiume che scorreva. Inaspettatamente entrò nell'acqua gelata e in pochi minuti era in samadhi. Il rumore, l'acqua gelida e le altre distrazioni esteriori non la disturbavano

Preparazione alla meditazione

affatto. Tenendosi ad un palo a causa della forza della corrente, Ella rimase immersa nell'acqua fino alla vita, completamente perduta al mondo, per un paio d'ore. Alla fine dovemmo trascinarLa fuori, altrimenti avrebbe continuato a stare nell'acqua gelata per chissà quanto tempo: il Suo corpo era rigido come un pezzo di legno. Le brahmacharini le sfregarono le mani e le piante dei piedi. Dopo circa mezz'ora, il Suo corpo ritrovò un po' di calore ed Ella tornò alla sua coscienza normale.

Nessun disturbo esterno è un problema se la mente raggiunge uno stato sublime. Possiamo vedere questo stato in Amma: perché venga toccata da qualcosa, deve essere Lei ad acconsentire.

Educare la mente a rimanere nel presente

Ricordo un fatto accaduto in Svezia qualche anno fa. L'ultima sera del tour Europeo, non c'era nessun programma e il gruppo che viaggiava con Amma ebbe l'occasione di stare da solo con Lei. Amma servì la cena a tutti, giocò con noi e ci raccontò delle storie. Fu l'occasione più memorabile dei tre mesi di tour. Seduta proprio vicino ad Amma c'era una devota che lavorava molto. Amma le accarezzava i capelli e la schiena amorevolmente, dimostrandole un grande affetto. Doveva essere una meravigliosa esperienza per quella persona. Gli altri membri del gruppo provavano un po' d'invidia. Dopo pochi minuti, la donna cominciò a singhiozzare. Tutti noi pensammo che fosse sopraffatta dall'amore e dall'affetto di Amma. Amma le chiese: "Cara figlia, perché piangi?" e lei rispose che stava piangendo perché quel mattino Amma aveva chiamato tutti per la meditazione, ma lei non ne era stata informata. Amma disse: "Perché stai pensando a quello che è successo stamattina? Appartiene al passato. Ora sei seduta vicino ad Amma. Nessun altro ha questa opportunità adesso, dunque cerca di farne il miglior uso. Invece di rimuginare sul passato e rattristarti, gioisci della situazione presente."

Questo è il modo in cui sprechiamo molte delle nostre opportunità. Amma dice sempre che dobbiamo cercare di vivere nel momento presente. Se viviamo nel passato, non possiamo gioire di ciò che sta avvenendo proprio adesso. La vita è sempre nel presente: educare la mente a stare nel momento presente è vera meditazione.

Attitudine e azione

Anche la giusta attitudine aiuta la meditazione. L'impatto di tutte le nostre azioni e di tutti i pensieri può essere percepito quando sediamo per la meditazione. Ogni pensiero, ogni azione, ogni emozione determina la qualità della nostra meditazione, e per questo dobbiamo fare attenzione a non impegnarci in attività che possano costituire un ostacolo. Nella nostra vita quotidiana compiamo molte azioni che non sono veramente necessarie: gradualmente queste azioni possono essere evitate, anche se non eliminate immediatamente.

Supponiamo di avere l'abitudine di guardare film dell'orrore o di leggere libri gialli: sarà una buona cosa evitare tali attività che inducono ansia, perché quei pensieri rimarranno nella nostra mente subconscia. Durante la meditazione, tutti questi ricordi si riaffacceranno. Con la giusta comprensione, lentamente, possiamo evitare simili azioni e sostituirle con buone azioni che ci aiuteranno nella nostra crescita spirituale.

Nei primi tempi c'erano meno devoti, e Amma non aveva ancora fondato nessuna istituzione o organizzato attività caritatevoli. Amma dedicava molto tempo ogni giorno a stare con i devoti che visitavano l'ashram. Parlava con loro, rispondeva alle loro domande, chiariva i dubbi e dava loro molta attenzione

Preparazione alla meditazione

personale e cura offrendo loro la preziosa opportunità di sentirsi vicini a Lei. Un giorno un nuovo devoto venne da Amma. Egli non sapeva molto su di Lei, ma rimase all'ashram per una settimana. Per l'intera settimana egli vide Amma passare la maggior parte del Suo tempo con i devoti, trascurando il sonno e il cibo per Se stessa. Alla fine, domandò: "Amma, tu chiedi ai brahmachari di meditare, ma non Ti ho mai vista meditare. Perché?"

Amma rispose: "Qualunque cosa faccio è meditazione, quando do il darshan o passo del tempo con i devoti, li vedo sempre come Dio."

Alcuni di voi possono aver sentito Amma ripetere: "Amma, Amma" mentre riceve i devoti. Dunque, se ci sono 1000 persone per il darshan, Ella ripeterà il mantra almeno 1000 volte. In India, migliaia di persone ogni giorno vengono da Lei per il darshan. Amma trasforma perfino il Suo darshan in un atto di adorazione. È chiaro che non c'è bisogno che Lei ripeta il mantra o mediti, perché è già stabilita nella coscienza divina, ma fa' queste cose per darci una lezione e per essere un modello per noi.

Amma vede anche i comuni esseri umani come Dio, mentre noi non sappiamo vedere Dio (Amma) come Dio. Anche dopo aver avuto molte straordinarie esperienze con Lei, ci dimentichiamo la realtà che Amma è la Devi. Sebbene molti di noi sappiano nella profondità del loro cuore che Amma è la Madre Divina, quanto spesso lo ricordano? Molte volte La consideriamo come fosse un'amica! Ho sentito alcuni rivolgersi a Lei dicendo: "Ciao, come stai?" In un'occasione, ho udito qualcuno chiedere ad Amma: "Ehi ragazzi, ma voi quando dormite?" Malgrado Amma manifesti tutte le qualità divine, noi tendiamo ad essere superficiali in ciò che Le diciamo e come lo diciamo.

Possiamo adorare Amma, prostrarci ad Amma, o fare la puja ad Amma, ma sfortunatamente, anche quando stiamo facendo tutto ciò, la nostra mente vaga altrove. Invece Amma, nonostante tutti i nostri difetti e vizi, ci vede costantemente come Dio. Per un tale essere non è necessaria nessun'altra meditazione.

Capitolo 8

Il sentiero della devozione

Quattro tipi di devoti

L'Induismo, altrimenti conosciuto come *Sanatana Dharma* (La Via Eterna della Vita), ha esposto vari sentieri per la realizzazione del Sé, destinati a ricercatori di differenti disposizioni intellettuali e mentali. Nessuno di questi sentieri può essere considerato più elevato degli altri. Il Signore Krishna conferma questo fatto nel dodicesimo capitolo della *Bhagavad Gita*, intitolato *Bhakti Yoga* (Yoga della Devozione). In questo capitolo Arjuna chiede a Krishna: "O Signore, ci sono devoti che Ti amano e adorano come una Persona Divina e ce ne sono altri che Ti contemplano come un potere senza forma. Quale di questi sentieri è il migliore?" Con la Sua risposta, Krishna lascia intendere che entrambi i sentieri sono ugualmente meritevoli, e che la scelta dipende dalle caratteristiche del ricercatore. Un bambino ha bisogno di cibo delicato e facilmente digeribile, mentre un adulto necessita di un cibo con un più alto valore calorico. Allo stesso modo sentieri diversi si adattano a ricercatori diversi.

Ci sono molte poche persone che sentono un puro amore per Dio. La maggior parte prega Dio affinché la salvi dalle sofferenze o soddisfi i suoi bisogni e desideri. Di conseguenza, nella *Bhagavad Gita* i devoti sono stati classificati in quattro gruppi:
1) persone che soffrono (*artta*).
2) persone che cercano la ricchezza o la soddisfazione dei desideri (*artharthi*).
3) persone in cerca di Dio (*jijnasu*).

4) persone che hanno trovato Dio e si sono stabilite in Lui (*jnani*).

Le persone sofferenti diventano devote per trovare sollievo e ottenere la rimozione dei motivi di tribolazione, ma non appena i loro dispiaceri vengono eliminati, smettono di pregare o adorare Dio fino alla prossima occasione di dolore. Dio è come un agente che lavora per loro e che soddisfa i loro desideri. Generalmente mancano di rendersi conto che la causa del loro dolore è l'attaccamento agli oggetti impermanenti del mondo e Dio, per loro, è come una pillola antidolorifica. Questo tipo di devozione cura i sintomi quando appaiono, ma non elimina la causa della malattia.

Le persone della seconda categoria sono quelle che hanno molti desideri materiali, che sono spesso avide e ambiziose e che cercano l'aiuto di Dio per la soddisfazione dei loro desideri. Tali persone possono essere già molto agiate ma non sono paghe, amano Dio soprattutto perché Egli può esaudire i loro intensi desideri. Fanno donazioni alle istituzioni benefiche o alla chiesa o al tempio con l'attitudine di chi paga un premio di assicurazione o sta facendo un investimento d'affari, aspettandosi una congrua ricompensa.

Un jijnasu è una persona che ha raggiunto uno stato di disincanto dal mondo e da tutte le gioie mondane. In lui è impressa la futilità degli obiettivi mondani, perciò questo devoto ricerca la conoscenza delle più elevate verità della vita. Una tale persona prega Dio per avere devozione, distacco e vera conoscenza e saggezza, poiché solo questi possono garantire la pura felicità.

Uno jnani è una persona totalmente identificata con Dio. Un tale essere vede Dio in ogni cosa e si trova in uno stato di ininterrotta meditazione sulla Verità Ultima. Completo e perfetto sotto ogni aspetto, uno jnani conserva una natura devozionale soltanto per godere del *lila* (gioco divino). L'amore per Dio è uno stato naturale per uno jnani. Di tutti i devoti, lo jnani è il più caro al

Signore. Krishna dice: "Lo jnani è il Mio vero Sé." Nello *Srimad Bhagavatam*, il Signore Krishna ammette: "Io sono uno schiavo dei Miei devoti. Il Mio cuore è nelle mani del Mio devoto, tale è il Mio amore per lui." Dio andrà oltre ogni limite per proteggere i Suoi devoti.

Ci sono significative differenze tra questi quattro tipi di devoti. Nella *Bhagavad Gita*, Krishna dichiara che tutti i devoti sono nobili *(udarah)*. Perfino gli artta e gli artharthi stanno cercando di trovare la felicità vera e duratura, anche se attraverso soddisfazioni mondane. A tempo debito, questi ricercatori supereranno tutti gli attaccamenti materiali e arriveranno a rendersi conto che, per ottenere una felicità vera e duratura, bisogna realizzare la Realtà Eterna, vale a dire, Dio o Atman; la loro devozione diventerà sempre più pura, e lentamente essi evolveranno fino a divenire jijnasu (ricercatori della Verità o di Dio) e in seguito jnani. Krishna ha dichiarato che tutti i Suoi devoti devono essere considerati retti, perché hanno preso la risoluzione giusta e presto otterranno la pace duratura. Per alcuni, questa trasformazione potrà avvenire nell'arco di una vita, per altri, può richiedere molte nascite ma, prima o poi, tutti realizzeranno il Supremo.

Le qualità del vero devoto

Nel poema epico *Srimad Bhagavatam*, il Signore afferma che Egli segue i passi dei Suoi devoti per portare la polvere dei loro piedi sulla Sua fronte. Se il Signore diviene un tale amorevole servo di qualcuno, allora quella persona è davvero un vero devoto. Chi, allora, è un vero devoto? Krishna enuncia le qualità di un vero devoto nella *Bhagavad Gita* (Capitolo XII, Versi 13-16).

Il Signore sostiene che la prima qualità di un vero devoto è il non provare odio per nessuna creatura nell'intero creato. Noi proviamo odio quando qualcosa o qualcuno ostacola la realizzazione dei nostri desideri, godimenti e aspettative. Noi ci aspettiamo molte cose dagli altri e quando le nostre aspettative non sono appagate, cominciamo a provare avversione o odio verso quelle persone. Solo l'amore che non ha aspettative è vero amore. Un vero devoto non si aspetta niente da nessuno, ha una visione equanime su tutto e accetta qualunque cosa accada, buona o cattiva, come la dolce volontà di Dio.

Un'altra causa dell'odio per qualcuno nasce dal considerare l'altra persona differente da noi. Gli jnani vedono se stessi in tutto il creato e vedono tutto il creato in se stessi: sono pieni d'amore per tutti gli esseri del mondo. Questo amore per tutti gli esseri è la seconda qualità di un vero devoto.

Il migliore esempio di ciò è Amma quando dice: "Un'ininterrotta corrente d'Amore scorre da Me verso tutti gli esseri del cosmo." Amma non prova odio e nemmeno risentimento verso nessun essere in questo universo. "Quelli che Mi odiano e quelli che Mi amano sono la stessa cosa per me", dice Amma. Ella possiede un amore uguale per tutti. Il Suo amore abbraccia l'intero creato.

Amma spiega l'amore universale con un bell'esempio: "Se accidentalmente la nostra mano s'infila nell'occhio, non puniamo la mano né diamo la colpa all'occhio, perché sono parti del nostro corpo. Così, la stessa Coscienza pervade l'intero universo e l'intera Creato è la personificazione di Dio." Un vero devoto vede il suo adorato Dio in tutti gli esseri, e dunque non c'è posto nel suo cuore per alcun sentimento negativo vero gli altri.

Molti anni fa, dopo che il cugino di Amma aveva tentato di ucciderLa, egli fu ricoverato all'ospedale con una malattia fatale. Prima che morisse, Amma gli fece visita all'ospedale. Ella lo accarezzò e consolò e lo imboccò amorevolmente con le Sue stesse mani. Il cugino era pieno di rimorso per quello che aveva tentato di fare e scoppiò in lacrime, avendo sperimentato su di sé la compassione e il perdono di Amma.

Un singolare episodio nella vita del santo Namadev illustra l'amore universale di un vero devoto. Namadev era un ardente devoto del Signore e aveva raggiunto lo stato supremo della realizzazione di Dio. Un giorno Namadev stava andando a consumare il pranzo, che consisteva in qualche chapatti (un pane secco e piatto) e un po' di burro. Stava quasi per mangiare quando arrivò un cane randagio che scappò con un chapatti: subito Namadev lo inseguì con il resto dei chapatti in mano. Dopo un lungo inseguimento finalmente raggiunse il cane, gli tolse il chapatti dalla bocca e cominciò a spalmarci sopra del burro, supplicando con amore e devozione: "O Signore, non mangiare questi chapatti asciutti, potrebbero conficcarsi in gola. Ti prego, mangiali con un po' di burro." Namadev vedeva il cane come una manifestazione del Signore. Nutrendo il cane, egli nutriva il Signore stesso. Questa è la meravigliosa attitudine di un vero devoto.

Per i veri devoti, Dio è il loro Tutto in tutto. Essi vedono ogni cosa come la volontà di Dio e accettano ogni cosa – buona o cattiva, piacevole o spiacevole – come prasad di Dio. La devozione di un vero devoto è stabile in tutte le circostanze, egli non si lamenta, né si sente scontento anche quando si trova in circostanze sfavorevoli. Dio dimora nel cuore di un vero devoto e corre ad aiutarlo ogni qualvolta si manifesta un problema. Se l'invocazione di un devoto è sincera, Dio risponde immediatamente; più intensa è la preghiera di un devoto, più veloce sarà la riposta di Dio.

Nilambaran era un ardente devoto di Amma. Abitava in un villaggio vicino all'ashram, faceva il bracciante agricolo e veniva infallibilmente per il Bhava darshan di Amma alla fine della sua giornata di lavoro nei campi. Qualche anno fa si trovò ad affrontare dei problemi finanziari. Un giorno, mentre lavorava nei campi, disse involontariamente: "Siccome non ho denaro, penso che la mia famiglia soffrirà la fame nei prossimi giorni."

I suoi compagni di lavoro spesso criticavano Amma e, udite quelle parole, si presero gioco di Nilambaran dicendo: "Perché ti preoccupi? Di sicuro la ragazza a cui ti rivolgi, e che adori come la Devi, ti porterà il denaro!" Sentendo tali frasi di derisione, Nilambaran si sentì molto triste e pregò con ardore Amma di aiutarlo ad uscire da quella situazione. Arrivò la pausa per il pranzo e, non appena i lavoratori sedettero all'ombra di un albero, una ragazza improvvisamente si avvicinò a Nilambaran con una banconota da venti rupie e, senza proferir parola, la pose nella mano di Nilambaran, allontanandosi subito dopo. Nilambaran rimase sorpreso perché non aveva mai visto quella ragazza prima, e ignorava perché gli avesse messo in mano quella banconota da venti rupie. Gli altri lavoratori pensavano che la ragazza avesse saldato qualche debito, ma Nilambaran non aveva prestato denaro a nessuno. I lavoratori chiesero a Nilambaran chi fosse la ragazza ed egli rispose che non lo sapeva e così anche i compagni di lavoro rimasero meravigliati.

Durante il Devi Bhava, il giorno dopo, quando Nilambaran andò al darshan di Amma, Ella gli sussurrò all'orecchio queste parole: "Figlio, la Devi ti ha dato il denaro, ieri? Figliolo, è stata Amma a venire da te." Nilambaran fu sopraffatto dalla riverenza e dall'amore, e lacrime di devozione scesero sulle sue guance.

Un vero devoto affida a Dio ogni cosa – il corpo, la mente e l'intelletto – e confida in Lui completamente. Un tale abbandono è difficile da raggiungere. Quando sorgono situazioni difficili, potremo perdere questo spirito di abbandono. Molte persone dichiarano di aver preso rifugio in Dio, ma tendono a dimenticarlo: hanno fiducia soltanto nelle proprie forze e sono fieri della loro capacità di risolvere i problemi.

Il sentiero della devozione

Quando l'ego entra in gioco, tutto l'abbandono svanisce. C'è una storia del Signore Shiva che rivela chiaramente questa verità.

Un giorno il Signore Shiva era seduto con la Sua santa consorte Parvati sul Monte Kailash. All'improvviso si alzò e se ne andò senza dire una parola. Parvati ne fu sorpresa. Tuttavia, dopo solo pochi secondi, il Signore Shiva ritornò a sederSi. Allora Parvati chiese: "Mio Signore, dove sei andato così di fretta e perché sei di ritorno così presto?"

Il Signore disse: "Uno dei miei devoti era molestato da alcuni malviventi e stava pregandoMi di aiutarlo."

"Lo hai salvato?" chiese Parvati.

Il Signore Shiva sorrise e disse: "Non c'era bisogno del Mio intervento. Non appena sono arrivato lì, ho visto che egli aveva preso un sasso in mano e che stava chiedendo alla gente del luogo di unirsi a lui nello scontro. Allora, sono ritornato: se il devoto pensa che può difendersi da solo, che bisogno c'è che Io vada a salvarlo?"

Il significato della storia non è che dobbiamo rinunciare a difenderci se siamo attaccati o minacciati, ma che dobbiamo sempre ricordarci che è il potere di Dio, e non il nostro o quello degli altri esseri umani, a portare la vittoria.

Tutto è volontà di Dio

Un ricercatore che segue il sentiero della devozione contempla: "Ogni cosa è il mio Amato. Io non sono assolutamente nulla. Tutto accade secondo la volontà di Dio."

Il devoto considera se stesso come uno strumento di Dio, o come un servo di Dio, e dunque le possibilità di diventare egocentrico sono minori che per un ricercatore che segue un altro sentiero. Per un vero devoto, ogni cosa è Dio. Questo è in completo contrasto con un ricercatore sul sentiero della conoscenza, che pensa: "Io sono tutto (il Sé)."

I vantaggi di essere un devoto sono molti. La vita di un vero devoto è completamente dedicata a Dio, in qualsiasi situazione, e i dispiaceri non lo toccano. Il devoto conduce una vita libera da preoccupazioni sotto l'ala protettiva di Dio, provando diletto nel pensiero del suo amato Signore. Tali devoti, però, sono rari. Raggiungere una devozione così pura è come vincere alla lotteria: il numero degli aspiranti è enorme e i vincitori talmente pochi! Arrivare ad una pura devozione richiede veramente la grazia suprema di Dio! Tuttavia, è molto più facile per noi, che abbiamo Amma vicina, come vera incarnazione dell'amore e della grazia divini.

Il frutto della devozione può essere gustato dall'inizio. Amma sottolinea: "*Bhakti* (devozione) è come un albero di jackfruit sul quale i frutti crescono già alla base, così da poter venire facilmente raccolti. Nel caso di altri alberi (che possono essere paragonati ad altri sentieri spirituali), dovrete arrampicarvi in alto per raccogliere i frutti. Nel sentiero della devozione, potete gioire del frutto della beatitudine fin dall'inizio, mentre negli altri sentieri ciò si ottiene soltanto alla fine."

Capitolo 9

Il sentiero dell'azione

Comprendere e accettare con distacco

Perché preghiamo Dio? La maggior parte di noi prega perché vuole essere felice e contenta. Detto semplicemente, preghiamo Dio per ottenere qualcosa, o per liberarci da qualcosa. Supponiamo di aver passato tutto il tempo a ricordare il nostro Guru o Dio e di essere ancora assaliti da problemi, uno dopo l'altro. Quanto a lungo dureranno la nostra fede e devozione? Chi continuerà ad amare un Dio mai visto che non tralascia neppure un'opportunità di mandargli problemi e tribolazioni? In circostanze simili si potrebbe perfino diventare atei. Sarebbe ancora più difficile amare coloro che ci causano dolore e angoscia.

Guardiamo Amma invece: durante la sua infanzia non ha mai ricevuto l'amore di nessuno, tutta la Sua famiglia e gli abitanti del villaggio La sgridavano e La coprivano di ridicolo molto spesso. Non c'era nessuno a dare forza alla Sua anima con opportuni consigli spirituali – nessun Guru (ovviamente non aveva davvero bisogno di un Maestro, poiché era nata con la conoscenza e la saggezza suprema). Nonostante tutte queste circostanze avverse, Ella non si lamentava mai e non perse mai la fede; anzi, ogni volta che riceveva un duro trattamento, ricambiava soltanto con l'amore e la compassione.

Amma è sempre stata come la rosa che, pur ricevendo solo terra e letame, dona bellezza e fragranza al mondo.

Una volta Le chiesi: "Amma, non eri delusa dalla Tua vita, specialmente in quel lungo periodo di difficoltà?"

Amma rispose: "Non ero affatto delusa, perché conoscevo la natura delle persone e del mondo, e non mi aspettavo nulla da nessuno. Io continuo a fare il Mio lavoro e ad assolvere le Mie responsabilità senza aspettarmi niente, quindi non c'è delusione." Amma inoltre aggiunse che Lei non aspetta di gioire dei risultati delle Sue azioni, ma gioisce dell'azione in se stessa. Questo è un importante messaggio per tutti noi.

Possiamo pensare che il calibro, il coraggio e la compassione di Amma siano fuori della nostra portata; nondimeno, se cerchiamo di assimilare gli insegnamenti di Amma, possiamo senza dubbio valorizzare la nostra vita.

Ogni circostanza che attraversiamo può avere molte possibili conclusioni. Sfortunatamente, a causa della nostra visione limitata, ci aspettiamo un solo risultato e siamo delusi se il frutto è diverso da quello che attendevamo. Ciò non significa che dobbiamo semplicemente accettare ogni cosa nel modo in cui accade; non c'è bisogno di essere un mero burattino in mano agli eventi. Cerchiamo di fare del nostro meglio per ottenere l'esito che vogliamo, ma quando ciò non è possibile, dobbiamo imparare ad accettare il risultato, qualunque esso sia.

A volte, una situazione può essere tale che non possiamo scappare da un problema: sarebbe come cercare di fuggire dai nostri stessi piedi! Nello stesso momento, però, magari non abbiamo la forza di affrontare quella difficoltà. Che cosa fare allora?

È necessaria una chiara comprensione e accettazione della situazione. Un uomo disse al suo amico: "In una giornata fredda io so cosa fare – cercare di tenermi caldo – e se non è possibile, allora so cos'altro fare – gelare!"

La chiave del successo nella vita, secondo le Scritture induiste, è di agire in modo totale, senza essere attaccati ai frutti di un'azione e senza preoccuparsi del risultato. Forse pensiamo che sia impossibile agire senza attese, allora, se proprio dobbiamo averne, almeno aspettiamoci ogni possibile risultato, altrimenti saremo soggetti a delusioni.

Supponete che io abbia bisogno di 1000 Euro, e che chieda ad un amico di prestarmi quella somma. Ci sono cinque possibili risultati.

1) Lui mi dà 1000 Euro.
2) Lui pensa che sono una cara persona e si ricorda che io lo ho aiutato in molte occasioni. Quindi mi dà più di 1000 Euro.
3) Anche lui può avere delle difficoltà finanziarie e può darmi soltanto 500 Euro.
4) Lui forse attraversa difficoltà finanziarie tali da non potermi dare il denaro.
5) Le sue difficoltà finanziarie possono essere perfino più gravi delle mie e, anziché aiutarmi, può cercare di prendere a prestito del denaro da me: così potrei finire col prestargli dei soldi.

Allora io posso ottenere più di quanto ho chiesto, oppure meno di quanto ho chiesto, posso ottenere l'esatta cifra che volevo o non ottenere niente del tutto, e potrei perfino finire col dargli del denaro, perché i suoi bisogni sono più grandi dei miei. Ognuno di questi risultati è possibile. Non abbiamo controllo su ciò che può accadere. Come dice la *Bhagavad Gita*: "Noi abbiamo la libertà di agire, ma non quella di determinare il risultato, perché il risultato di un'azione dipende anche da altri fattori. Quindi, compite le vostre azioni senza essere attaccati ai risultati."

Riconoscere questa verità non è pessimismo, ma semplicemente essere realisti. Forse conoscete bene la Legge di Murphy, che afferma: "Tutto ciò che può andar storto, andrà storto." Per esempio, se un'auto può rompersi, si romperà. Noi possiamo trasformare il pessimismo in realismo aggiungendo: " Se non si è rotta, siate grati a Dio." Soltanto una mente forte e ricettiva può assimilare queste verità.

Esercitare la mente

La vera maturità consiste nel coltivare la forza e la comprensione per accettare i risultati delle nostre azioni, qualunque possano essere. Ecco perché Amma afferma che una maturità mentale ed emozionale è molto importante per una vita felice e piena di pace.

Amma dà un esempio: se noi esercitiamo soltanto la parte superiore del corpo, come le braccia e il torace, quelle parti svilupperanno senza dubbio una forte muscolatura, mentre le altre parti resteranno meno sviluppate. Quanto sembrerà buffa una persona con un torace muscoloso, con bicipiti e tricipiti, ma con i muscoli delle cosce e dei polpacci sottili e deboli! Lo sviluppo sarebbe sproporzionato.

La maggior parte di noi è fisicamente forte e matura e molte persone fanno attività fisica per mantenersi in forma. Purtroppo, difficilmente qualcuno esercita la mente a diventare forte e matura. Se volete diventare un buon sollevatore di pesi, dovete far pratica sollevando grossi pesi. Non è sufficiente continuare a sollevare un foglio di carta o una matita. Allo stesso modo, se vogliamo essere pienamente sviluppati, dobbiamo esercitare la mente che è la base di tutte le nostre azioni, parole e pensieri. Le situazioni difficili e le sfide nella vita possono essere usate come esercizi per la mente.

La nostra prestazione risulta condizionata se agiamo con troppo attaccamento o ansia nei confronti dell'esito di un'azione. Naturalmente vorremmo vincere il primo premio quando prendiamo parte ad una competizione, ma spesso il nostro forte desiderio di vincere può agitarci; se pensiamo più alla vittoria che all'azione, la pressione di vincere dissiperà le nostre forze. La mente non può funzionare bene se è attaccata al risultato.

Prendiamo l'esempio di una gara di tiro al bersaglio. Durante le esercitazioni molti partecipanti forniranno prove eccellenti poiché non stanno pensando a sparare per qualche premio particolare ma si stanno solo esercitando. Quando invece incominciano a sparare nella gara vera e propria, pensano a vincere il premio e forse s'innervosiscono. Potrebbero addirittura vedere due bersagli e mancare il centro! In quel caso non è diminuita l'abilità del tiratore ma il pensiero del premio ha diviso l'attenzione della persona, disturbando quindi la sua concentrazione. A questo proposito vorrei raccontare una mia esperienza.

Dopo la laurea feci domanda per un lavoro e fui chiamato per un colloquio. Si trattava del mio primo colloquio e la pressione causata dalla mia voglia di ottenere quel particolare lavoro creò in me molto stress e tensione: ero concentrato solo ad ottenere il lavoro e a preoccuparmi su cosa avrei fatto se non lo avessi ottenuto. Mi presentai quindi al colloquio. Gli incaricati mi posero soltanto domande semplici, ma a causa del mio stato mentale in quel momento, feci una gran confusione nelle risposte, che non furono affatto grandiose. Alla fine del colloquio, il capoufficio disse: "Grazie. Le faremo sapere." Ciò accadde anni fa e non mi hanno ancora fatto sapere nulla!

Così, la nostra ossessione o ansia per i risultati di un'azione fa sentire il suo peso. Amma dice sempre che, mentre si agisce, si deve focalizzare tutta l'attenzione sull'azione e non pensare affatto al risultato. Prima di cominciare bisogna avere ben chiara la meta finale ma, mentre si agisce, nessun disturbo o distrazione deve essere presente nella mente.

Amma raggiunse una sorprendente maturità psicologica ad un'età molto giovane, imparando da ogni situazione avversa che dovette affrontare. Ogni difficile esperienza era un brano del libro della vita che Ella assimilava senza malanimo o rancore verso nessuno. La Sua vigilanza, consapevolezza e discernimento La resero capace di assimilare tutti i tipi d'esperienze, e Amma era sempre pronta per qualcosa di nuovo. Ogni circostanza avversa divenne nutrimento per il Suo spirito che cresceva in splendore e forza, e Lei non mancò mai di imparare una lezione nuova da ogni situazione. Ecco perché oggi la Sua vita brilla come la stella polare, a guida d'innumerevoli anime perse.

Amma non solo possiede questa capacità Lei stessa, ma aiuta anche noi a svilupparla. Durante uno dei programmi di Amma nel Suo ashram di San Ramon, in California, ci fu un incendio nella cucina dell'ashram e alcuni devoti furono ustionati. Amma, gli swami e molti altri devoti andarono a trovarli all'ospedale, dando supporto morale e pregando per loro. Amma inoltre parlò loro molte volte al telefono. Sebbene soffrissero fisicamente, la loro mente non fu influenzata negativamente, grazie all'amore e all'interessamento di Amma. Infatti, quando Amma visitò San Ramon la volta successiva, tutti loro erano di nuovo in cucina e avevano perfino più entusiasmo e dedizione di prima.

Quando parlai con loro, affermarono che la fede in Amma era diventata più profonda dopo l'incendio perché avevano sentito la Sua presenza, la grazia, la forza e il sostegno durante le loro difficoltà. Inoltre, essi compresero che se l'incidente fosse accaduto da qualche altra parte, non si sarebbero ripresi così velocemente dallo shock, dal dolore e dalla sofferenza. Molti di loro assicurarono che ogni volta che Amma telefonava o inviava del prasad tramite altri devoti, essi ritrovavano una fresca ondata di energia e di forza. Compresero che avevano sofferto a quel modo a causa del loro prarabdha karma, e che un simile incidente sarebbe accaduto ovunque si fossero trovati. Poiché era accaduto quando Amma era loro vicina, poterono ricevere la Sua personale attenzione e consolazione, e ciò li aveva aiutati molto ad alleviare le loro sofferenze.

Uno dei devoti feriti disse: "Il fuoco ha ustionato il nostro corpo, ma non la nostra fede e lo spirito. In verità, esso ha aumentato la nostra fede." Senza prendere l'incidente in modo negativo o rimuginare sul loro destino, essi videro l'incidente come un'opportunità per crescere e dedicare nuovamente la loro vita ai piedi di Amma. Non hanno permesso che diventasse uno scoglio nella loro vita, ma piuttosto lo hanno trasformato in un trampolino per la loro crescita spirituale.

Circolo vizioso

In quanto ricercatori spirituali, siamo tutti interessati nella crescita spirituale. Vogliamo progredire nelle pratiche spirituali come la meditazione o la ripetizione del mantra, e sappiamo quanto importante sia avere una mente calma e quieta durante queste pratiche. Molte persone all'inizio si sentono frustrate perché non sono capaci di fare silenzio nella mente. Per un ricercatore è molto importante capire quali fattori influenzano la mente durante la meditazione.

La maggior parte di noi s'impegna ogni giorno in una pratica spirituale per un certo tempo, mentre per il resto della giornata è occupata in un'ampia varietà di attività – amministrare gli affari di casa, adempiere i doveri del lavoro, studiare, guardare la televisione, andare al cinema, ecc. Molte di queste attività mondane non favoriscono la meditazione. In verità, il loro impatto disturba la nostra mente e mette a repentaglio i risultati ottenuti con la meditazione.

È come mescolare il sale con lo zucchero: lo zucchero è la dolcezza che deriva dalla meditazione e dalle altre pratiche spirituali, il sale è l'impatto delle azioni esterne. Non possiamo assaporare la dolcezza in una miscela di sale e zucchero. Quando la nostra meditazione è influenzata dalle attività quotidiane, siamo incapaci di sperimentarne i frutti.

Amma dà l'esempio di una scala mobile che si sta muovendo nella direzione opposta a quella in cui vogliamo andare: per quanto velocemente camminiamo, faremo poco progresso. Ci troviamo così in un circolo vizioso. Continuando a svolgere azioni esterne, molte di queste attività c'impediranno di sperimentare i frutti della nostra meditazione, ma, d'altro canto, se le abbandoniamo non possiamo guadagnarci da vivere, e senza reddito come facciamo a meditare in pace? Qual è dunque la soluzione? Tutte le nostre azioni, direttamente o indirettamente, hanno un effetto sulla meditazione; l'effetto può essere positivo o negativo. La soluzione consiste nel trasformare ogni azione in un'adorazione del Divino cercando di ricordare Dio in ogni azione. Quest'attitudine mentale verso le nostre attività quotidiane ci aiuterà nella meditazione.

Trasformare il lavoro in adorazione

Se ritorniamo ai primi anni della vita di Amma, possiamo vedere come Lei trasformasse ogni attività domestica in una forma di adorazione. Amma era impegnata in molte occupazioni che sono generalmente considerate non spirituali: cucinare per la famiglia, pulire la casa, fare il bucato, prendere l'acqua dalla fontana pubblica e badare alle mucche. Grazie alla Sua attitudine, Amma era capace di trasformare questa routine di lavoro domestico in un'adorazione di Dio. Mentre preparava il cibo per la Sua famiglia, immaginava di cucinare per il Signore Krishna, quando puliva la casa, pensava di fare le pulizie di casa per accogliere Krishna, e mentre lavava gli indumenti della Sua famiglia, Amma fantasticava di lavare i vestiti di Krishna. Poiché Ella nutriva puro amore e devozione per Krishna, era in grado di mettere il Suo cuore e la Sua anima in questo lavoro, senza nemmeno sentirsi annoiata o stanca; anzi, Ella pregava di avere sempre più lavoro, così da poter servire continuamente Krishna. Nessuno dei maltrattamenti che dovette sopportare dai Suoi genitori o da altri riuscì ad influenzare la Sua gioia interiore nel servire il Suo amato Krishna al meglio delle Sue capacità.

Il sentiero dell'azione

Se abbiamo questo amore e devozione verso Dio o verso il Guru, possiamo anche noi sperimentare la stessa gioia interiore, migliorare la qualità del nostro lavoro e della nostra meditazione e vivere la nostra vita con amore e felicità. Raggiungere una sinergia lavoro-meditazione sarà così possibile, non appena riusciremo ad allenare la nostra mente a considerare ogni cosa come appartenente a Dio o ad Amma, sviluppando di conseguenza anche l'attitudine che qualunque lavoro svolgiamo è un'opportunità per essere al Suo servizio.

Se svolgiamo il lavoro e i nostri doveri con questa attitudine devozionale, possiamo anche superare molte delle nostre tendenze negative.

Al tempo in cui lavoravo in banca ero solito arrabbiarmi con i clienti, specialmente con persone che sembravano paesani privi di istruzione. Mi irritavo molto se qualcuno commetteva un errore nel compilare uno stampato per ritirare o depositare il denaro. Questa abitudine continuò per alcuni anni, perfino dopo che arrivai da Amma, ma ascoltando le Sue amorevoli istruzioni, sentivo che dovevo eliminare questa cattiva abitudine. Tentai per molte volte, ma fallii sempre.

Un giorno andai da Amma e Le parlai del mio temperamento collerico e Le chiesi come superarlo. Amma mi suggerì un metodo molto semplice. Mi chiese se ci fosse qualcuno che amavo e rispettavo. Io mi ricordai di un eminente professore e anche di un mio precedente dirigente di banca, che non solo amavo e rispettavo, ma ai quali facevo anche visita frequentemente. Accennai ad Amma di queste due persone e allora Ella mi chiese: "Se queste persone ti mandassero qualcuno alla banca per svolgere qualche pratica per loro, cosa faresti?" Dissi che avrei salutato quelle persone cordialmente e fatto il necessario per aiutarle. Allora Amma disse: "E se fosse Amma a mandarti qualcuno?" Risposi che se avessi saputo che qualcuno era stato mandato da Lei, lo avrei servito con amore, e gli avrei offerto anche del tè e degli spuntini! Amma aggiunse: "Ecco. Da domani in poi, quando sei in banca a trattare con i clienti, immagina che Amma ti abbia mandato ciascuno di loro. Se davvero Mi ami, li tratterai amorevolmente, non ti arrabbierai con nessuno, nemmeno se commettono degli errori. Da domani in avanti, prova questo metodo."

Fui molto felice di ascoltare una così semplice soluzione, ignorando quanto difficile fosse metterla in pratica. Fallii molte volte nell'attuare il consiglio di Amma e dopo essere diventato consapevole del mio errore chiedevo scusa alla persona con la quale avevo perduto la calma. Ogni giorno, prima di cominciare il mio lavoro, pregavo Amma di darmi la forza e la pazienza. Dopo alcuni mesi, fui in grado di superare in larga misura la mia natura collerica e inoltre cominciai a sentirmi felice perché riuscivo a mettere in pratica l'insegnamento di Amma. In un paio d'anni divenne facile per me trattare i clienti con amore e un sorriso.

Prima di allora, mi era sembrato di sprecare il mio tempo in banca, mentre gli altri brahmachari svolgevano le loro pratiche spirituali all'ashram. Questo sentimento di frustrazione era una delle ragioni del mio carattere collerico verso i clienti. Dopo aver appreso da Amma un metodo così efficace per ricordare come trattare tutti amorevolmente, capii che stavo svolgendo la mia pratica spirituale alla banca. Ogni qualvolta un cliente se ne andava sorridendo grazie alla mia gentilezza, io mi sentivo felice poiché sapevo che stavo seguendo le istruzioni di Amma e che stavo coltivando un'attitudine di adorazione nel mio lavoro.

Giusta comprensione e giusta attitudine

Un agricoltore che possedeva una grande fattoria andò in un negozio di ferramenta per acquistare una sega con lo scopo di recidere alcuni alberi nel suo frutteto. Il venditore gli mostrò l'ultimo modello e affermò che con quella avrebbe potuto segare cinquanta alberi in un'ora. Naturalmente la sega era costosa, ma il fattore decise di acquistarla. Una settimana dopo tornò al negozio con una lamentela: "Questa sega è difettosa," disse al venditore. "Lei mi ha assicurato che avrei potuto segare cinquanta alberi in un'ora, ma non sono riuscito a tagliarne nemmeno dieci." Il venditore prese la sega, collegò il cavo alla presa della corrente per provarla e l'accese provocando un forte ronzio. Il fattore ne fu sorpreso: "Aspetti un secondo! Cos'è questo rumore? Non ho mai sentito questo rumore quando la usavo io."

Il fattore aveva usato la sega elettrica come una sega manuale! L'aveva usata senza collegarla alla corrente. Il fattore chiaramente mancava di una corretta comprensione.

Abbiamo bisogno di una buona comprensione del perché stiamo svolgendo le pratiche spirituali e di come le nostre azioni influenzino queste pratiche. Con una giusta comprensione e attitudine, la maggior parte delle azioni che svolgiamo sarà di supporto alle nostre pratiche spirituali. Amma afferma che le nostre azioni possono essere trasformate in adorazione se possediamo la giusta attitudine.

Quando dobbiamo prenderci cura di una famiglia, abbiamo molte responsabilità. Compiere con amore e sincerità i nostri obblighi verso la famiglia, senza aspettarci niente in cambio, è un modo di adorare Dio o Amma. Se svolgiamo questi doveri come un modo per far felici Amma o Dio, ciò ci aiuterà nella nostre pratiche spirituali.

Talvolta, sebbene facciamo sinceramente il nostro dovere verso i nostri familiari, possiamo non ottenerne un riscontro positivo. Possono non apprezzare i nostri sforzi e magari fraintenderci e comportarsi sgarbatamente con noi, ma se siamo sinceri nel cuore, e compiamo i nostri doveri come un'offerta a Dio o ad Amma, saremo enormemente aiutati nel nostro progresso spirituale.

Ogni azione ha due conseguenze, una visibile, l'altra invisibile. Quando aiutiamo qualcuno – per esempio, quando diamo del cibo ad una persona affamata – vediamo il volto felice e contento di quella persona non appena la sua fame si è placata. L'effetto invisibile consiste nel merito o buon karma che accumuliamo a nostro favore in seguito a questa buona azione. Questo merito porterà frutto a tempo debito.

Allo stesso modo, ci sono due effetti quando un assassino uccide qualcuno. L'effetto visibile è che la vittima muore e l'effetto invisibile è la colpa o cattivo karma nel quale incorre l'assassino: esso inevitabilmente lo perseguiterà e affliggerà, anche se riuscirà a sfuggire alla legge.

Il beneficio delle nostre parole e azioni positive tornerà sempre a noi nel futuro, indipendentemente dal fatto che siano state apprezzate oppure no. Questo è il vantaggio di compiere onestamente il nostro dovere e le nostre responsabilità.

Noi tendiamo ad apprezzare alcuni compiti e a detestarne altri: un genitore non ama aiutare i figli nei compiti scolastici, mentre ad un altro non piace portare fuori l'immondizia; ci piace giocare con i nostri figli quando ridono, ma non vogliamo avere a che fare con loro quando piangono.

C'era una coppia che aveva un figlio che piangeva molto spesso e ogni volta che scoppiava a piangere, sua madre correva da lui, mentre il padre ignorava il pianto del bambino. Alla fine, la madre inveì contro il padre: "Perché non vai a confortarlo qualche volta? È per metà tuo figlio, dopotutto."

Il padre del bambino rispose: "Si, ma la mia metà è quella tranquilla!"

Quando abbiamo simpatie o antipatie la nostra mente diventa agitata e di conseguenza la nostra meditazione sarà disturbata. È importante rimuovere, per quanto possibile, queste preferenze e avversioni, e il compiere le nostre responsabilità con la giusta attitudine e comprensione può aiutarci a superarle.

C'era un giovane che si era appena unito all'ashram di Amma per diventare un brahmachari, ma non era interessato a ripetere il mantra. Considerava il ripetere continuamente le stesse parole come un esercizio noioso. Amma dice sempre che dovremmo cercare di ripetere il nostro mantra il più possibile. Conoscendo la sua avversione per la ripetizione del mantra, Amma gli affidò l'incarico di rispondere al telefono al banco informazioni e accoglienza. Tutte le chiamate telefoniche dovevano essere prese manualmente perché non avevamo una segreteria telefonica.

All'ashram, quando alziamo il ricevitore, generalmente diciamo "Om Namah Shivaya" e non "Pronto?", o "Salve", e riattacchiamo dicendo "Om Namah Shivaya", e non "Arrivederci." Tutti sappiamo che "Om Namah Shivaya" è un mantra potente che significa: "M'inchino davanti all'Uno Eternamente di Buon Auspicio." Questo aspirante spirituale, dunque, doveva dire "Om Namah Shivaya" ogni volta che alzava e abbassava la cornetta. In un giorno finiva per dire: "Om Namah Shivaya" almeno 100 volte o anche di più. Inoltre, poiché le linee del telefono a quei tempi erano inadeguate, la connessione era spesso scadente e così il brahmachari doveva addirittura gridare "Om Namah Shivaya" qualche volta in più. In questo modo ripeteva il mantra centinaia di volte al giorno. Eppure, pur ripetendo "Om Namah Shivaya" così tante volte al giorno, non era consapevole di ripetere un mantra. Alla fine, facendo bene il suo dovere, il brahmachari superò la sua avversione per la ripetizione del mantra. Un giorno andò da Amma e Le chiese di essere iniziato al mantra "Om Namah Shivaya".

Possiamo essere uomini d'affari, operai, un capofamiglia, politici o medici, ma se compiamo i nostri doveri come un'offerta al Divino, possiamo superare in larga misura le nostre attrazioni e repulsioni, e questo ci aiuterà nella meditazione, perché meno preferenze o avversioni abbiamo, più la mente sarà calma e quieta e la meditazione, quindi, ci verrà più facile.

È più semplice vedere Dio in ogni cosa quando si sono vinte simpatie e antipatie, poiché non si giudicherà più una persona in base alle preferenze. Normalmente ci piace o amiamo una persona a causa della nostra disposizione mentale o dell'attaccamento, e non ci piace qualcuno a causa del nostro egoismo, gelosia, e altre simili tendenze negative che ci impediscono di vedervi la divinità.

Perfino all'età di dieci anni, Amma era abbastanza matura da avere la giusta comprensione e attitudine. Nel villaggio vi erano molte persone anziane che erano state abbandonate dalle loro famiglie; alcune di loro erano ammalate, altre soffrivano di terribili malattie contagiose della pelle e perfino i loro familiari le evitavano. Ma Amma andava e parlava loro amorevolmente, faceva loro il bagno, lavava i loro vestiti e li nutriva. Quando i Suoi genitori la rimproveravano di sprecare il Suo tempo in questo modo, rispondeva: "Io non considero una perdita di tempo servire queste persone perché non le vedo differenti da Dio e servendo loro, io servo Dio."

Amma dice spesso: "Il sole non ha bisogno dell'aiuto di una candela. Allo stesso modo Dio non ha bisogno di nulla da parte nostra. Dio non è seduto da qualche parte sulle nuvole: Dio dimora nelle creature e dunque, servendo gli altri, specialmente i poveri e i sofferenti, in verità noi serviamo Dio."

Apprezzare Dio in ogni cosa

Un giorno, un vivace ragazzino del vicinato fu colto mentre rubava alcuni gioielli d'oro e del denaro nell'ufficio dell'ashram. A quel tempo la situazione finanziaria dell'ashram era molto difficile, e questo ragazzo era stato ammonito molte volte dai residenti dell'ashram. Alcuni di noi, dunque, si arrabbiarono molto quando fu sorpreso a rubare di nuovo. Gli legammo le mani dietro la schiena e lo portammo da Amma pensando che gli avrebbe dato una buona sgridata. Vedendo il ragazzo, Amma s'illuminò in volto, sorrise e improvvisamente sembrò essere in un altro mondo.

Aspettammo più di quindici minuti, ma non ci fu risposta da parte di Amma. Allora lasciammo andare il ragazzo, rimproverandolo severamente. Più tardi, Amma affermò che il ragazzo di fronte a Lei, con le mani legate dietro la schiena, Le aveva ricordato il piccolo Krishna. Quando il Signore Krishna era bambino, era solito rubare il burro e il latte dalle case delle lattaie. I vicini si lamentavano con Yashoda, la madre adottiva di Krishna, la quale doveva quotidianamente ascoltare nuovi resoconti delle monellerie di Krishna. Le lamentele aumentavano ogni giorno, finché, alla fine, ciò fu troppo per lei e così legò le mani di Krishna dietro la schiena e lo rimproverò con una scenata di collera.

Molti lettori occidentali possono essere interessati a sapere perché il Signore Krishna recitasse la parte di un "ladro di burro". A Brindavan, dove Krishna visse da bambino, le gopi erano povere lattaie, che si guadagnavano da vivere vendendo latte e burro. Krishna vedeva che tutti i loro pensieri gravitavano intorno a questi prodotti del latte e così entrava nelle case delle gopi a rubare il loro latte, yogurt e burro, sebbene a casa sua ne avesse quanto voleva. Le gopi lo amavano tanto che ognuna di loro sperava che Krishna andasse a rubare nella sua casa, quel giorno. Inoltre le gopi si divertivano raccontando i Suoi scherzi tra loro e a Sua madre. In questo modo, Krishna divenne ben presto la figura centrale di tutti i loro pensieri e conversazioni e così, senza sforzo, le gopi potevano meditare su Krishna tutto il giorno. Rubando loro il burro, dunque, Krishna rubò in verità il cuore delle gopi.

Quando Amma vide il ragazzo che aveva rubato all'ashram, pensò che chi Le stava di fronte fosse il piccolo Krishna. Come poteva rimproverarlo? Amma vide Dio perfino in un ladro e il ragazzo fu trasformato dal Suo comportamento; infatti, non rubò mai più. Quando Amma vide la divinità in lui, deve aver evocato anche le buone qualità nascoste in lui.

Ciò non significa che dobbiamo permettere ai criminali di fare quello che vogliono, dicendo di vedere Dio in loro. Se qualcuno ci deruba o commette qualche altro crimine dobbiamo certamente proteggerci e chiamare la polizia. Dobbiamo agire con discernimento: anche se vediamo Dio in un criminale, noi non siamo capaci di risvegliare la sua divinità!

Qualche giorno dopo, commisi un errore per il quale sapevo che Amma mi avrebbe rimproverato, ed essendo stato testimone di come Amma avesse visto Krishna nel piccolo ladro, chiesi ad un brahmachari di legarmi le mani dietro la schiena e di portarmi da Amma. Ero certo che Amma avrebbe visto Krishna anche in me. Ma Ella mi scacciò, poiché si aspettava che io, essendo un ricercatore spirituale, avessi un po' più discernimento e maturità.

Durante i primi tempi, ogni cosa in natura era sufficiente per mandare Amma in samadhi: quando vedeva un pesce guizzare nei corsi d'acqua, quando osservava le increspature sulla superficie dell'acqua, quando la brezza Le accarezzava il corpo, Ella Si perdeva in profonda meditazione.

Ricordo un fatto accaduto nell'ashram di Amma a San Ramon in California. Era una notte di luna piena e Amma terminò il darshan della sera alle due del mattino circa. Stavamo guidando dal tempio verso la casa dove doveva trascorrere la notte. Ella sollevò lo sguardo verso la luna piena e disse: "Com'è meravigliosa!" L'auto arrivò alla casa e Amma andò nella Sua stanza. Tutti quietamente andarono a letto. Amma aspettò che tutti si fossero ritirati e poi scivolò fuori e salì su una collina vicina. Più tardi, la brahmacharini

Il sentiero dell'azione

che L'aveva accompagnata disse che Amma aveva trascorso quasi quattro ore danzando in estasi alla luce della luna piena.

La sola vista della luna piena era abbastanza per mandarla in uno stato di estasi. La maggior parte di noi non è così: tutti abbiamo visto molte lune piene, addirittura anche due nello stesso mese, ma non hanno avuto un tale impatto su di noi. A dir la verità, quando io vedo la luna piena, mi viene in mente un chapatti o un papadam (snack rotondo sottile e croccante)! Perché le nostre reazioni sono così diverse da quelle di Amma? Di che cosa abbiamo bisogno per diventare più simili a Lei?

Il punto sta tutto nell'educare la mente ad attuare un cambiamento nel nostro atteggiamento e nel modo di affrontare le attività quotidiane.

C'era una volta un gruppo di monaci novizi che stavano praticando esercizi spirituali in un monastero. Dopo una sessione avrebbero avuto una pausa durante la quale potevano rilassarsi, gioire della natura e passare del tempo in preghiera; era chiamato "l'intervallo di preghiera". Uno dei novizi non aveva ancora smesso l'abitudine di fumare e così chiese al prete il permesso di fumare durante l'intervallo di preghiera. Il prete arrabbiato gli rispose che avrebbe commesso un peccato se avesse fumato durante la pausa.

Il giorno dopo, durante l'intervallo di preghiera, questo novizio incontrò un altro giovane monaco che fumava felicemente, seduto su una roccia circondata da cespugli di rose nel giardino. Il primo novizio, che era stato rimproverato dal prete, fu sorpreso nel vedere il confratello che fumava e chiese: "Come hai avuto il permesso di fumare? Quando ho chiesto al prete se potevo fumare, si è arrabbiato molto con me."

Il novizio che fumava disse: "Che cosa hai esattamente chiesto al prete?"

Egli rispose: "Ho chiesto se potevo fumare durante la preghiera."

"Ecco dove hai fatto l'errore," disse il novizio che fumava. "Io ho chiesto se potevo pregare mentre fumavo, e il prete ha detto: 'Ma certo! In verità dovresti sempre pregare!'"

Soltanto per aver spostato alcune parole, il novizio aveva avuto il permesso di fare quello che voleva. Fumare mentre si prega è considerato un peccato ma pregare mentre si fuma, no.

Ugualmente, un piccolo cambiamento nella nostra attitudine migliorerà molto la qualità della pratica spirituale. Pensieri mondani durante la meditazione sono un ostacolo alla meditazione, mentre pensare a Dio mentre si sbrigano le faccende quotidiane in verità aiuta la meditazione.

Cerchiamo allora di ricordare Amma ovunque siamo e qualunque cosa stiamo facendo, così che tutta la nostra vita diventi meditazione. Questa è l'ora. Questo è il momento. Non è ancora troppo tardi per cominciare il nostro viaggio e il progresso spirituale.

Ricordo una famosa poesia:

Quando la luce del giorno splendeva
E il mercato era aperto
Non ho comprato nessuna merce.
Ahimè, la notte è scesa,
I negozi sono chiusi.
Ricordo solo ora le cose di cui ho bisogno.

Svegliamoci dunque.
Facciamo uso della grazia di Amma, del Suo amore e della Sua compassione.
Le Sue braccia sono sempre aperte, pronte ad abbracciarci.

Capitolo 10

Il sentiero della conoscenza

La natura della mente

Un ricercatore che segue il sentiero della conoscenza medita su Brahman[7], sugli aforismi: "Io sono Brahman, sono l'imperituro, eterno Atman. Il Sé che è in me è in tutti gli esseri." Secondo il Signore Krishna, percorrere il sentiero della conoscenza richiede un grande controllo sui sensi e una mente tranquilla. Inoltre, gli ostacoli che un ricercatore deve affrontare sul sentiero della conoscenza sono notevoli. Un ricercatore che contempla costantemente: "Io sono Brahman, il Sé Supremo" ha molte probabilità di diventare egocentrico, sempre che non abbia già raggiunto un considerevole grado di purezza mentale, in questa vita o nelle precedenti, e abbia l'attitudine di completo abbandono a un Maestro vivente. Generalmente, per quelli che sono profondamente radicati nel concetto "io sono il corpo", la contemplazione non-dualistica diventa una specie d'auto-illusione. Queste persone diranno: "Perché dovrei obbedire o inchinarmi a qualcuno? Io sono Brahman", dimenticando che anche gli altri sono Brahman; non comprenderanno lo spirito di questo grande detto e dunque i pericoli nascosti sono molti. Il ricercatore dell'aspetto senza forma di Dio deve stare molto attento.

Nella *Bhagavad Gita* (Capitolo VI, Verso 34), Arjuna e il Signore Krishna hanno una discussione sulla natura della mente.

---

[7] *Brahman* è la Verità impersonale, senza forma, senza attributi. Brahman è considerato la Realtà assoluta.

Arjuna afferma:

cancalam hi manaḥ Kṛṣṇa
pramāthi balavad dṛḍham
tasyā 'haṁ nigrahaṁ manye
vāyor iva suduṣkaram.

O Krishna, Tu stai dicendo così tante cose sull'equanimità della mente e sulla disciplina da imporle, ma io trovo che la mia mente è totalmente irrequieta, terribile e ostinata. Lottare per controllarla equivale ad imbrigliare i venti. Che cosa posso fare?

Krishna risponde:

asaṁśayaṁ mahābāho
mano durnigrahaṁ calam
abhyāsena tu kaunteya
vairāgyeṇa ca gṛhyate

Sì, quello che dici è vero. La mente è irrequieta, terribile e ostinata. Domare la mente è altrettanto difficile che domare il vento, ma con la pratica, e coltivando il distacco, è possibile tenerla sotto controllo.

La mente è spesso paragonata ad una scimmia, e talvolta ad una scimmia ubriaca, perché la mente è disubbidiente e irrequieta. Le scimmie piccole sono particolarmente dispettose. Immaginate la più vivace delle scimmie punta da uno scorpione: quanto agitata sarà! Ma la nostra mente è anche peggio. Lo possiamo vedere quando meditiamo: il momento migliore per osservare la mente è proprio durante la meditazione, perché in altre occasioni non siamo consapevoli di quello che essa sta facendo. Come esperimento, cercate di sedere per dieci minuti in solitudine annotando in un taccuino tutti i vostri pensieri di quei dieci minuti. Resterete sorpresi da quello che scoprirete: le nostre idee sono spesso sconnesse e non correlate le une alle altre, saltano da un argomento all'altro o da una persona all'altra senza nessun senso. Noi siamo così beati durante il sonno, quando la mente non è al lavoro. Possiamo raggiungere l'immobilità della mente anche mentre siamo svegli, se cerchiamo di controllarla e pensare solo a quello cui vogliamo pensare. La mente ha la capacità di focalizzarsi sotto la nostra direzione, ma dobbiamo educarla. Educare la mente è molto difficile, ma con una pratica costante è possibile.

Pratica e distacco

L'irrequietezza della mente proviene soprattutto dalle sue simpatie e antipatie, o preferenze. Queste preferenze sono espresse come attaccamento o repulsione verso oggetti, persone e situazioni. La repulsione è semplicemente la forma negativa dell'attaccamento. Attualmente la nostra mente è come una piuma sballottata dalle correnti del vento in tutte le direzioni. Per fermare la mente dobbiamo liberarla dal tira e molla delle simpatie e antipatie.

Anche se c'è un disturbo esterno, possiamo in ogni caso gioire della pace se la nostra mente è libera dai disturbi interiori dovuti principalmente alle sue negatività. Dobbiamo diventare consapevoli del peso che trasciniamo a causa di queste tendenze o sentimenti negativi: soltanto allora vorremo liberarcene. Ad un certo punto, dovremo superare i nostri difetti e, poiché i disturbi interni sono i più potenti ostacoli alla pace, è necessario sconfiggere questi difetti il prima possibile.

Dobbiamo disciplinare la nostra mente per ottenere la libertà dai disturbi interni. All'inizio la pratica richiesta per limitare e controllare la mente è una sfida, per noi che di solito preferiamo lasciare la mente senza freni. Tuttavia, a suo tempo, incominceremo ad apprezzare il processo di disciplinare la mente.

Ricordo una famosa storia. In India le persone sposate hanno l'usanza di invitare i sannyasi nelle loro case e offrire loro del cibo, poiché la considerano una fonte di merito. Secondo la tradizione indiana, un pasto completo consiste in sei portate dei sei differenti sapori – dolce, acido, pungente, salato, astringente e amaro. In alcune case, insieme a questi piatti, si serve anche della zucca amara. Si suppone che i sannyasi accettino sia il dolce sia l'amaro con equanimità.

Una volta un sannyasi fu invitato in una casa dove avevano preparato un pasto completo: era un pranzo suntuoso che includeva la zucca amara. C'era soltanto una cosa nella vita che questo sannyasi detestava, ed era proprio la zucca amara. Non la poteva sopportare, ma ormai aveva accettato l'invito e doveva rispettare l'usanza. Non poteva dire: "Non mi piace la zucca amara," perché si supponeva che gli piacesse in uguale misura ogni tipo di cibo. Allora pensò: "Qui ci sono altre pietanze deliziose, dunque comincerò con la zucca amara e poi potrò rilassarmi e godermi le altre vivande. Non voglio mangiare la zucca amara con gli altri cibi e rovinare il loro sapore." Perciò mangiò per prima la zucca amara.

La padrona di casa che lo stava osservando mentre mangiava e, non appena ebbe finito la zucca amara, gli servì un'altra abbondante porzione di quel vegetale. Il sannyasi pensò: "Oh no! Oggi è proprio il mio giorno sfortunato!" Con gran difficoltà, finì di mangiare la seconda porzione mentre malediva se stesso per aver fatto visita a quella casa. Se avesse saputo che avevano preparato la zucca amara, avrebbe potuto dire che quello era il suo giorno di digiuno, ma era troppo tardi. La sofferenza del sannyasi non si fermò lì. La donna che ormai era convinta che al sannyasi piacesse molto la zucca amara, ne mise un altro mestolo sul suo piatto. Potete immaginare la condizione del sannyasi! Inveendo contro la sua stella, il sannyasi riuscì in qualche modo a finire il suo pranzo, facendo mentalmente voto di non ritornare mai più in quella casa.

La padrona di casa chiamò immediatamente la casa vicina dove il sannyasi era atteso per la sua *bhiksha* serale (elemosina), dicendo che il sannyasi amava molto la zucca amara e suggerendo che gli cucinassero qualche pietanza speciale con la zucca amara quando si fosse recato lì per l'elemosina. Da quel momento la notizia si diffuse così che tutti, quando invitavano il sannyasi, gli preparavano la zucca amara. Alla fine era così abituato ad essa che cominciò ad apprezzarla, anche se all'inizio ne aveva avuto avversione.

Allo stesso modo, se continuiamo a mangiare l'amara zucca della pratica del controllo della mente, finiremo per amarla.

Forza spirituale

Ci sono generalmente tre aspetti del nostro essere che determinano la nostra relazione col mondo, con le altre persone, e con le varie esperienze della vita: essi sono il nostro aspetto fisico, emozionale (mentale) e intellettuale. Ce n'è anche un altro: il nostro aspetto spirituale. Nella maggioranza di noi l'aspetto spirituale rimane in uno stato dormiente, poiché per la gran parte del tempo siamo concentrati sui primi tre aspetti del nostro essere.

Se ci focalizziamo soltanto su questi tre aspetti, saremo soggetti ad una specie di montagne russe di emozioni e desideri. Desideriamo così tante cose nel mondo e abbiamo numerosi bisogni ma alcuni di questi sono al di là dei nostri mezzi e delle nostre capacità: non saranno mai soddisfatti. Come risultato di questa deficienza ci sentiamo delusi, frustrati e abbattuti. La nostra frustrazione potrebbe crescere fino a farci perdere la forza mentale. Una persona mentalmente debole non sarà in grado di affrontare nemmeno piccole sfide nella vita, e anche un incidente da poco sarà sufficiente a sconvolgerla. Amma afferma: "Perfino una formichina può turbare una tale persona."

Una volta, un mio amico acquistò una casa nuova. Pochi giorni dopo il trasloco, vide alcune formiche in cucina. Questo lo turbò un po' perché si trattava di una casa nuova e non sapeva spiegarsi da dove venissero le formiche. A peggiorare le cose, in poco tempo, centinaia di formiche brulicavano nella cucina. A quel punto egli si sentì ulteriormente turbato mentre si grattava la testa interrogandosi su cosa fare per risolvere il problema. Corse allora in un negozio vicino a comprare una bottiglietta d'insetticida. Sfortunatamente, c'era una sola bottiglietta disponibile, ed era leggermente danneggiata; chiese perciò di poter avere uno sconto, ma il negoziante rifiutò. L'uomo intavolò una discussione con il negoziante, pretendendo lo sconto.

Era già turbato per le formiche in cucina e ora stava diventandolo ancor di più a causa della discussione con il negoziante. Continuarono a discutere finché alla fine giunsero quasi alle mani. Andò a finire che per concludere la disputa ricorsero a vie legali e tutto questo a causa di qualche formica!

Amma afferma che fino a pochi secoli fa, le persone avevano una mente molto forte e non avevano problemi mentali, ma col passare del tempo smisero di attenersi al loro dharma e i loro valori lentamente si deteriorarono: come risultato, le persone divennero più avide, più egoiste e mentalmente deboli a causa della mancanza di disciplina e discernimento. Non seppero più come affrontare le varie situazioni della vita, la loro mente divenne tesa, agitata e in preda allo stress. Ai nostri giorni, moltissime persone sono mentalmente deboli e perfino nevrotiche.

Il solo rimedio, oltre al trattamento psichiatrico, sta nel risveglio spirituale. Questo risveglio equilibrerà l'aspetto fisico, emozionale e intellettuale dentro di noi, permettendoci di vivere in armonia. Alla presenza di una grande anima come Amma, è facile risvegliare il nostro potenziale spirituale, la nostra mente diventa forte e sottile e siamo capaci di guardare alla nostra vita con maggiore chiarezza.

Vorrei raccontare un episodio tratto dalla vita di Amma che dimostra il tipo di forza spirituale che Lei possedeva perfino da bambina.

Poiché Amma passava molto tempo a lavare indumenti, pulire, accudire alle mucche, trasportare l'acqua, ecc., i Suoi vestiti erano bagnati per la maggior parte del tempo. Un giorno il vestito di Amma era completamente inzuppato, e così Ella prese a prestito il vestito di Sua sorella. Quando Sua madre Damayanti se ne accorse, si arrabbiò e La rimproverò dicendo: "Non meriti di indossare vestiti così buoni! Come osi metterti quel vestito?" Con queste parole, Damayanti glielo strappò di mano e se ne andò, lasciando Amma con il Suo vecchio abito.

Possiamo soltanto immaginare quale sarebbe stato il nostro stato mentale se ci fossimo trovati in quella situazione. Ma Amma non si sentì triste e pensò: "Forse Dio non vuole che indossi quel vestito; dunque, da ora in avanti non indosserò nessun abito nuovo o di buona qualità finché Dio non mi porterà qualcosa. Fino ad allora, metterò solo vestiti vecchi scartati dagli altri."

Da quel giorno, Amma portò soltanto abiti che la Sua famiglia non voleva più. Un giorno Amma indossava una vecchia camicetta che aveva un disegno colorato. Il fratello maggiore di Amma non l'apprezzò. La rimproverò, accusandoLa di indossare una camicetta colorata solo per attirare l'attenzione dei ragazzi. Le ordinò di toglierla e la gettò nel fuoco proprio di fronte a Lei. Amma non si arrabbiò, né si agitò, ma pensò che fosse la volontà di Dio. Da quel giorno in poi, Amma indossò soltanto vesti bianche.

A differenza di Buddha, Krishna e Rama, che furono allevati in famiglie di livello reale o aristocratico, le condizioni di Amma nei primi anni di vita furono miserabili, ma grazie alla

Sua attitudine d'abbandono a Dio, Amma non soccombette alle circostanze. Né tanto meno è toccata oggi dal Suo attuale stato di acclamata guida spirituale internazionale. Amma è sempre stata un perfetto esempio di semplicità e umiltà, ed è facilmente accessibile e sempre disponibile. Anche ora che Amma è riconosciuta in tutto il mondo, non conduce affatto una vita lussuosa: prende il minimo per Sé e dà il massimo alle persone che hanno bisogno del Suo aiuto, della Sua guida, delle Sue benedizioni e grazia.

Tre modi di risveglio spirituale

Amma è totalmente stabilita nella coscienza divina. Il nostro stesso risveglio spirituale avviene più facilmente in Sua presenza poiché in Lei il potenziale spirituale è completamente risvegliato. Il tocco di Amma, il Suo sguardo o il Suo pensiero sono in grado di risvegliarci spiritualmente: con la Sua sola volontà, Amma può risvegliare il nostro potenziale spirituale. Le Scritture fanno riferimento a questo tipo di fenomeno: un vero Maestro può risvegliare spiritualmente chiunque con un tocco, uno sguardo o un pensiero.

È interessante notare che la leggenda paragona questo processo al modo in cui le galline, i pesci e le tartarughe covano le uova. Una gallina cova sedendosi sopra le uova finché si schiudono grazie al calore prodotto dal costante contatto col corpo della madre. In modo simile, Amma può risvegliare in noi il potenziale spirituale soltanto toccandoci. Vivendo costantemente in compagnia di un Maestro, il calore della disciplina pian piano sviluppa e purifica la mente, causando la rottura della corazza dell'ego affinché il Sé possa emergere.

Secondo la credenza tradizionale indiana, un pesce depone le uova e poi le guarda intensamente e queste si schiudono grazie all'intensità dello sguardo. Ogni singolo sguardo di Amma ci aiuta a risvegliare il potenziale spirituale che è in noi. Proprio come il bocciolo del loto sboccia quando i raggi del sole lo colpiscono, così i nostri cuori chiusi si aprono quando lo sguardo di Amma cade su di noi.

La tartaruga depone le uova sulla spiaggia e poi ritorna nell'acqua a pensare ad esse. Secondo la leggenda, le uova si apriranno per l'intensità dei pensieri della tartaruga. Allo stesso modo, Amma può risvegliare il nostro potenziale spirituale con il Suo sankalpa. Proprio come un dispositivo a distanza può controllare molti macchinari, così le onde del pensiero di Amma possono controllare gli eventi della nostra vita se sintonizziamo il nostro cuore con il Suo.

Amma risolve molti dei nostri prarabdha karma e tendenze innate, senza che noi neppure lo veniamo a sapere. Proprio come un aquilone prende il volo quando c'è un buon vento e mani esperte controllano i fili, così noi possiamo librarci nei cieli della spiritualità quando le nostre pratiche spirituali sono amplificate dalle benedizioni e dalla grazia di un grande Maestro come Amma.

Benefici del raggiungimento dello stato di yoga

L'abilità nel riconoscere gli effetti nocivi di un'azione o di un'abitudine può motivarci a superare quell'abitudine negativa, proprio come la capacità di riconoscere gli effetti benefici di un'azione ci spingerà a coltivare l'abitudine delle azioni positive. La meta più elevata è il raggiungere lo stato di Yoga. Lo stato di Yoga è l'unione finale con Dio o la Verità e raggiungerlo porta molti benefici.

Tranquillità della mente

La mente di una persona che ha raggiunto lo stato di Yoga è tranquilla, concentrata e libera da oscillazioni. Questa tranquillità non è il risultato della soddisfazione dei desideri, poiché, se fosse così, la tranquillità sarebbe effimera dato che non appena un desiderio viene soddisfatto, se ne presenta un altro, e se il desiderio di turno non potrà essere esaudito allora la tranquillità sarà perduta. La vera tranquillità è il risultato di una pratica costante della meditazione. Colui che ha raggiunto questo stato di Yoga è capace di mantenere la quiete della mente, indipendentemente dalle sue attività e responsabilità. Guardate Amma: è a capo di un vasto numero di istituzioni e consiglia personalmente milioni di persone senza mai prendersi una vacanza. Se necessario, esprime diverse emozioni, ma nel profondo della Sua mente c'è sempre pace. Ciò può essere paragonato alle onde sulla superficie dell'oceano, nelle cui profondità c'è soltanto calma. La tranquillità della mente è una delle caratteristiche dello stato di Yoga.

Vedere il Sé in se stessi

Coloro che sono stabili nello Yoga vedono il Sé in se stessi, non perdono mai di vista il Sé. Una simile persona vede il Sé anche negli altri. Nel nostro presente stato di consapevolezza, pensiamo di essere separati dal mondo e dalle persone intorno a noi: amiamo alcune persone, ne detestiamo altre, e non abbiamo particolari sentimenti verso altre ancora. Uno *Yogi* (colui che ha raggiunto lo stato supremo di Yoga) non considera nessuno diverso in essenza dal suo stesso Sé, non ha attaccamento o avversione per niente e nessuno in particolare, e ama uno e tutti egualmente. Una persona può essere cattiva, irosa, impaziente o viziosa, ma tutte queste differenze sono al livello della mente. L'anima è sempre pura e in nessun modo diversa da quella di un saggio o di un santo: la coscienza non è inquinata da nessuna delle nostre attitudini o azioni.

Dire che la mia mente è chiara o confusa significa che c'è qualcosa di separato da essa che ne testimonia la condizione. E che cos'è questo testimone? È l'Atman o il Sé, che è oltre la mente.

Questa consapevolezza è cosciente di tutto, ma non è influenzata da nulla. Solo perché la mia mente è confusa, non vuol dire che la mia coscienza sia confusa. È come uno schermo sul quale proiettare un film bello oppure uno volgare: lo schermo ne è forse influenzato? Per niente. Ma come il film non può essere visto senza uno schermo, così senza coscienza la mente non può funzionare. La natura della mente non influenza la coscienza, proprio come il film non influenza lo schermo.

Questa pura coscienza senza limiti è chiamata Sé o Atman.

Una volta stabiliti nel Sé, che è onnipervadente, onnisciente e onnipotente, vedremo soltanto il Sé ovunque e in tutti, e perciò non avremo bisogno di nulla per essere appagati, poiché saremo beati nel nostro stesso Sé.

L'esperienza delle beatitudine

Una persona stabilita nello Yoga sperimenta un'infinita beatitudine. La felicità e l'infelicità sono condizioni note a tutti: la felicità è uno stato della mente che dipende dagli oggetti, dalle circostanze e dalle altre persone, ma dove c'è felicità, c'è anche invariabilmente la possibilità dell'infe-licità. Se siamo felici quando otteniamo qualcosa, saremo infelici se la perdiamo; e se la nostra felicità dipende dall'amore di una persona, saremo sicuramente infelici quando quella persona non ci ama più. La beatitudine è oltre le coppie di opposti, è la natura del Sé e non dipende da nessun oggetto o situazione esteriori.

Felicità o infelicità appartengono alla mente, ma la beatitudine è oltre la mente: proviene dal sapere che "la mia natura è beatitudine".

A volte Amma ride continuamente per ore, talvolta piange. Una volta ho visto Amma piangere e Le ho chiesto: "Amma, perché stai piangendo? C'è qualcosa che ti turba? Perché sei triste?"

Amma ha risposto: "Chi dice che sono triste?" Provava soltanto beatitudine – una beatitudine espressa attraverso le lacrime.

Una persona stabilita nel Sé gioirà della beatitudine tutto il tempo, ovunque si trovi.

> yogarato vā bhogarato vā
> sangarato vā sangavihīnah
> yasya brahmani ramate cittaṁ
> nandati nandati nandatyeva

Che sia immerso nello yoga (unione spirituale), o nel bhoga (godimento esteriore), in compagnia o solitudine, colui la cui mente dimora in Brahman gioisce della beatitudine.

Bhaja Govindam, Verso 19

Dimorare nella realtà assoluta

Una persona stabilita nello Yoga dimora nella realtà assoluta. Secondo la filosofia del Vedanta, ci sono tre livelli di realtà: realtà apparente (*pratibhasika satta*), realtà relativa (*vyavaharika satta*) e realtà assoluta *(paramartika satta).*

Io vedo una corda nella penombra e la scambio per un serpente: quella è la mia realtà apparente. Un'altra persona vede la stessa corda, può scambiarla per una ghirlanda e quella è la sua realtà apparente. Tali punti di vista personali, che sono in relazione al modo in cui ci appaiono gli oggetti, ma che in verità non hanno nulla a che fare con gli oggetti stessi, sono classificate come realtà apparenti. Anche i sogni appartengono a questa categoria.

Vedere una corda come una corda, è definita realtà relativa. Tutti coloro la cui visione non è distorta concorderanno che si tratta di una corda, e non di un serpente, non avranno paura della corda, non scapperanno, né cercheranno di mettere la ghirlanda al collo di qualcuno. Useranno la corda per legare qualcosa. Il mondo come lo percepiamo correttamente, come la scienza e la tecnologia lo descrivono, è conosciuto come realtà relativa. È definita realtà relativa perché non durerà per sempre nella sua forma attuale, ma è soggetta a mutamento. Tutti gli oggetti relativi sono soggetti alle sei forme di mutamento: nascita, crescita, esistenza, trasformazione, decadenza e morte. Tutti i nostri rapporti terreni, le posizioni e le proprietà appartengono al regno della realtà relativa.

La terza realtà è quella della realtà assoluta, che non subisce nessun cambiamento nel passato, nel presente, o nel futuro. Il Sé o Atman, che pervade l'intero Creato, è la sola realtà assoluta. Essere stabiliti nella realtà assoluta significa comprendere che "Io sono tutt'uno con il Sé."

Premio infinito

Non c'è nulla di paragonabile alla realizzazione del Sé. A questo proposito, le Scritture affermano che "dopo aver realizzato il Sé, non vi è altro da realizzare." Questa è la ragione per cui è chiamato "premio infinito". I Maestri che hanno realizzato il Sé non vogliono nulla, hanno ottenuto tutto quello che c'è da ottenere. Per queste persone non c'è guadagno che possa essere considerato superiore.

Rimanere inalterati anche nel più grande dolore

Una volta raggiunto lo stato di Yoga non saremo afflitti da nessun tipo di dolore, poiché tutti i dispiaceri e le sofferenze appartengono al mondo della dualità: in altre parole, dispiaceri e sofferenze appartengono al corpo e alla mente. Una persona stabilita nel Sé sa chiaramente di essere il puro Sé e non il corpo, la mente o l'intelletto. Tale persona va oltre tutte le coppie di opposti, come dolore e piacere, sofferenza e felicità, simpatie e antipatie.

Nella *Bhagavad Gita*, il Signore Krishna dà una definizione unica di Yoga. Egli afferma: "Lo Yoga è la dissociazione dall'associazione col dolore". La parola Yoga deriva dalla radice *"yuj"* che ha due significati. Uno è "connettere o unire due cose", quindi, quando due cose sono unite, è Yoga. Il secondo significato è "controllare, arrestare, avere padronanza." Nel primo senso, Yoga è unione della mente e del Sé, nel secondo, è controllo o arresto della mente dall'associazione con dolore e sofferenza.

La natura di una mente non allenata è di associarsi sempre al dolore e alla sofferenza. Noi pensiamo raramente a quanto siamo felici o di successo; perfino i milionari hanno la loro dose di preoccupazioni e dispiaceri, e quando la loro mente è focalizzata su queste cose negative, dimenticano di essere milionari. Ci sono tante cose buone nella vita, dobbiamo coscientemente e deliberatamente allenare la nostra mente ad aggrapparsi al lato positivo della vita. Chi è stabilito nello Yoga non s'identifica con dolore o sofferenza.

Chi è stabile nello Yoga può inoltre trascendere il dolore fisico. Noi vediamo Amma dare continuamente il darshan a un grande numero di persone, incurante della sofferenza del Suo corpo o di qualche altro problema di salute. Anche quando la centesima persona s'inginocchia proprio sul Suo piede, si appoggia con tutto il peso sul Suo grembo, oppure urta la Sua guancia con la testa mentre si china a raccontare qualche pena personale, Amma non smette di sorridere dolcemente e di rivolgere parole compassionevoli. Amma dissocia coscientemente la Sua mente dal dolore e dalle sofferenze del corpo.

Proprio come noi diamo importanza al nostro cibo, al sonno, alla famiglia e ad altre cose della vita, dovremmo dare almeno uguale importanza, se non di più, alle nostre pratiche spirituali. Amma dice sempre che la meditazione è come l'oro: anche una meditazione di dieci minuti ha valore, anche un solo momento speso in meditazione non è sprecato. Coloro che stanno già facendo pratiche spirituali possono aumentare la durata o farle con maggiore intensità e più determinazione. Quella è la sola via per guadagnare forza mentale e procedere verso la meta. Nella vita siamo impegnati in così tante cose che appesantiscono la nostra mente. Per elevare la mente, dobbiamo avere qualche tipo di pratica spirituale come il japa, la meditazione, l'ascolto o il canto dei bhajan, la partecipazione ai *satsang* (discorsi o discussioni spirituali) o la lettura di libri spirituali. Tutte queste pratiche possono darci ispirazione e aiutarci a mantenere un continuo ricordo di Dio. Con un Satguru come Amma, ciascuno di noi può raggiungere lo stato di Yoga. Possa Amma benedire tutti noi con la realizzazione dello stato supremo.

Capitolo 11

L'adempimento del dovere

Il dovere mantiene l'armonia

La fisica moderna afferma che l'universo si muove verso il caos secondo la legge dell'entropia, mentre le Scritture indù affermano che nell'universo esiste un'armonia prestabilita, e che l'evoluzione è un progresso verso un ordine e un'armonia universali. Tutti gli esseri viventi hanno un ruolo da svolgere nel mantenimento di quest'armonia che è chiamata con diversi nomi: *logos*, *dharma*, *Tao*. Gli animali e le piante non disturbano quest'armonia perché vivono in accordo con i loro istinti (natura innata). Gli esseri umani, invece, con la loro libertà di scelta, possono sia favorire, sia disturbare quest'ar-monia.

Un Satguru come Amma lavora per riportare nell'universo il dharma e l'armonia perduti. Qualunque cosa faccia, il Satguru contribuirà soltanto all'armonia nel Creato, e dunque quello che fa è giusto, anche se a noi può sembrare altrimenti.

Amma afferma che ciascuno di noi ha un compito che dipende dal suo ruolo nella società. Se non svolgiamo propriamente il nostro ruolo, ne deriveranno caos e confusione, come quando un medico non compie il suo dovere e di conseguenza il paziente ne soffre, o quando un poliziotto non svolge in modo adeguato i suoi compiti, causando un aumento dei crimini. Analogamente, se i membri di una famiglia rifiutano di svolgere bene il loro ruolo, ci sarà disarmonia nella famiglia.

Amma dà i seguenti esempi. Supponiamo di essere sposati, con moglie o marito e figli. Quando adempiamo i nostri doveri verso i membri della famiglia, amandoli e prendendoci cura di loro, assumendoci sinceramente tutte le responsabilità verso ciascuno, noi siamo in accordo con la sinfonia del Creato e quindi ci sarà armonia nella famiglia. Una famiglia è una piccola unità in questo Creato e nell'universo ci sono milioni di famiglie. Se tutti i membri svolgono correttamente i loro doveri, allora c'è armonia. Lo stesso vale per i politici, le persone d'affari, gli operai, gli ufficiali dell'esercito, i monaci – ogni persona ha una parte unica da eseguire in quest'orchestra; non c'è disturbo nell'armonia del Creato allorché tutti fanno il loro dovere.

Per mantenere il dharma, nella società tutti dovrebbero avere questa attitudine. Un uomo politico sta contribuendo all'armonia se aiuta e serve la gente con sincerità. Analogamente, se una persona d'affari fa i suoi interessi senza truffare gli altri e assicurandosi solo dei ragionevoli profitti, o se un medico tratta i pazienti con amore e simpatia, ciò equivale a venerare Dio, anche se non si sta facendo nulla che possa essere definito spirituale o religioso. Ma quando un politico sfrutta la gente, o un medico esige onorari esorbitanti, ciò crea disarmonia – va contro il dharma.

Amma afferma che, quando svolgiamo il nostro ruolo in accordo con il nostro dovere o dharma, stiamo naturalmente contribuendo all'armonia dell'universo. Ogni individuo è come un raggio o un ingranaggio nella ruota del Creato. Un solo raggio o un ingranaggio rotto, oppure danneggiato, influenzerà il movimento della ruota. Naturalmente possiamo non percepirlo o esserne consapevoli poiché l'universo è vastissimo, tuttavia possiamo sperimentare la disarmonia almeno in piccola parte. Per esempio, se mettiamo un cucchiaio di sale in una minuscola ciotola d'acqua possiamo sentire il sapore salato che non sentiremo invece se mettiamo la stessa quantità di sale in un gran secchio d'acqua. Ciò non significa che l'acqua sia priva di sale, ma solo che non siamo in grado di percepirlo.

L'adempimento del dovere

Dunque, compiendo il mio dovere contribuisco all'armonia e al benessere del mondo e non compiendolo creo disarmonia, che è la causa del dolore e della sofferenza in questo mondo. Perciò, quando disturbo l'armonia è come se andassi contro Dio, ma contribuire all'armonia è un modo per venerarLo.

Che ci piaccia o no dobbiamo compiere i nostri doveri e rispettare le nostre responsabilità senza attaccamento o avversione, ma ciò ci risulta difficile tanto che molto spesso abbiamo bisogno dell'aiuto del Guru per riuscirci.

Vorrei raccontare un episodio che riguarda un devoto occidentale che venne all'ashram. Quest'uomo tranquillo e gentile aveva un profondo amore per Amma. In quei giorni, una campana suonava per indicare che Amma era pronta a prendere parte a qualche progetto di seva nell'ashram e che chiunque poteva raggiungerLa. Non c'era un orario particolare per questo tipo di seva: ogni qualvolta c'era un bisogno o un'emergenza, Amma arrivava per dirigere il lavoro e portarlo a termine, e gli altri si univano con gioia a Lei, di giorno o di notte, col sole o con la pioggia. Molti residenti amavano aiutare Amma nel seva di notte, perché Amma era solita preparare il caffè e arrostire nocciloine che distribuiva ai residenti al termine dei lavori. Poi, riuniva tutti intorno a Sé e raccontava storie, scherzava e teneva satsang.

Durante la prima notte all'ashram di quest'occidentale, la campana suonò all'una di notte. Egli non venne per fare il seva, e fu addirittura seccato che il suo sonno fosse disturbato a quell'ora insolita dal suono della campana e da tutto quel trambusto. Il mattino successivo, durante il darshan, era seduto col muso lungo e si lamentò con Amma di quanto fosse difficile dormire bene se la campana suonava e ci si aspettava che le persone si alzassero nel cuore della notte. Da quel momento in poi, cominciò a dormire con i tappi per le orecchie.

Dopo qualche giorno, vedendo che tutti facevano del seva, volle dare una mano anche lui, e così optò per un seva regolare. Gli fu assegnato un lavoro in cucina, il luogo più rumoroso di tutto l'ashram. Quest'uomo, che preferiva la tranquillità, di giorno e di notte, fu turbato all'idea di lavorare in un posto così assordante, ma era determinato a far contenta Amma con il suo servizio e dunque si presentò per il suo compito. I primi giorni gli fu molto difficile sopportare il rumore e la folla. Dopo un poco, la sua inclinazione per il silenzio esteriore diminuì e alla fine non si preoccupò più del rumore, tanto che venne il giorno in cui confessò scherzosamente che se non c'era rumore di notte non poteva dormire! Il suo amore per Amma e l'aderenza al dovere lo aiutarono a superare le sue preferenze e avversioni. Egli aveva assaggiato per la prima volta il silenzio interiore, che rimane inalterato dai rumori esterni e dalla confusione. Prima non poteva dormire se sentiva dei rumori, ora può dormire in pace sia in mezzo a un gran rumore, sia in una caverna dell'Himalaya.

Il compimento del dovere è molto importante, ed ecco perché il Guru ci assegna compiti specifici. Quando un medico, abituato a lavorare in un'atmosfera sterile di massima igiene, si unisce all'ashram, può ricevere l'incarico di lavorare nella stalla. All'inizio non gli piacerà, ma dopo un certo periodo tale avversione lentamente scomparirà e lui comincerà ad amare quel lavoro e forse solo allora Amma metterà il medico a lavorare nuovamente in ospedale. A questo punto sarà capace di guardare con un cuore pieno di empatia i pazienti poveri, sporchi e vestiti di stracci. Una tal educazione non si può ricevere in nessuna facoltà di medicina.

Ad un brahmachari fu chiesto di occuparsi delle mucche quando arrivò all'ashram. Era una persona accademicamente ben qualificata, perciò protestò con Amma, affermando che era venuto all'ashram per svolgere pratiche spirituali e imparare le Scritture, e non per sprecare la vita prendendosi cura delle mucche.

L'adempimento del dovere

Dopo circa un mese venne all'ashram un grande dotto. Alcuni di noi gli chiesero di tenere alcune lezioni sullo *Srimad Bhagavatam*. Un giorno, mentre stava commentando un passo, parlò del servizio alle mucche, gli animali preferiti del Signore Krishna. Il brano affermava che prendersi cura di una mucca è un seva sacro quanto servire il Signore stesso. Nella tradizione indù, la mucca è considerata un animale sacro e perciò chiunque rifiuti l'opportunità di servire le mucche sta gettando via una magnifica opportunità di ottenere la grazia del Signore. Il brahmachari che aveva rifiutato di fare il seva con le mucche ascoltò quel passo, comprese il suo errore e disse ad Amma che avrebbe fatto quel seva con amore.

Tuttavia, Amma aveva altri progetti per questo brahmachari: gli chiese, infatti, di fare il suo seva in cucina. Il brahmachari non amava neppure quel seva, ma alla fine si sentì pieno di rimorso e cominciò a pulire i gabinetti e i bagni per fare ammenda al suo disubbidiente comportamento precedente.

Qualsiasi cosa pensiamo del compito che ci è stato dato, dobbiamo svolgerlo comunque, evitando di cercare qualche scusa per non assumercene la responsabilità. Il fatto che ci piaccia oppure no dipende dalle nostre preferenze, ma lentamente possiamo superare predilezioni e avversioni se lo compiamo come il nostro dovere. Ecco perché Amma talvolta ci dà del lavoro che non ci piace fare: in un modo o nell'altro, prima o poi, dobbiamo superare le nostre simpatie e antipatie, perché se ci aggrappiamo ad esse ci saranno sempre dei turbamenti nella nostra mente. Questi turbamenti sono nocivi per un ricercatore spirituale, perché l'agitazione interiore interferisce con la meditazione e la concentrazione durante le pratiche spirituali. I disturbi della mente possono invece non costituire un problema per una persona comune perché non sta facendo nessuna pratica spirituale; può addirittura non esserne consapevole fino al momento in cui si svilupperanno dei problemi psicologici.

Il mondo non si accorderà mai con le nostre preferenze, dobbiamo imparare ad amare il mondo così com'è: soltanto allora sperimenteremo pace di mente. Altrimenti, per quanto ricchi e potenti potremo essere, avremo ancora motivi di tristezza, tensione e agitazione. Lo scopo fondamentale della meditazione e delle altre pratiche spirituali è di farci trascendere tutta la negatività e l'agitazione della mente, per arrivare a sperimentare la pace interiore. Qualunque cosa Amma ci chieda di fare è soltanto per aiutarci a superare la nostra negatività, per poter così conoscere la pace interiore e gioirne.

Il potere delle abitudini

Alla presenza di Amma molti di noi si sentono ispirati a coltivare buone abitudini grazie all'esempio che Ella ci dà; perfino i bambini piccoli si sentono ispirati. La cosa triste è che la maggior parte di noi non è in grado di mantenere questa ispirazione. Non appena ci allontaniamo dalla presenza fisica di Amma tendiamo a ritornare al nostro vecchio stile di vita, perché troviamo difficile coltivare le buone abitudini, e facile riprendere le cattive. Viceversa, è molto facile abbandonare le buone abitudini e molto difficile abbandonare le cattive. Dobbiamo perciò deliberatamente cercare di cambiare le nostre abitudini finché la pratica diverrà spontanea e naturale, e le buone qualità diventeranno abitudini. Ci sarà allora molto difficile abbandonare una buona qualità entrata a far parte del nostro carattere grazie ad una pratica determinata.

L'importanza di coltivare buone abitudini può essere compresa osservando il modo in cui esse influenzano la nostra mente. Tutte le nostre pratiche spirituali sono fatte con lo scopo di calmare la mente così che si possa verificare la conoscenza del Sé.

L'adempimento del dovere

Proprio come la luna si riflette nelle acque tranquille di un lago, così il Sé si rivela quando la mente è calma e quieta. Questo è il motivo per il quale si dà tanta importanza alla purezza della mente. Ci sentiremo soffocare se non saremo in grado di mettere in pratica le buone abitudini che abbiamo coltivato.

Amma afferma che è molto importante coltivare abitudini buone e positive, perché quelle negative come l'impa-zienza, la gelosia, la tendenza ad emettere giudizi e a trovare difetti negli altri, ci impediranno di sperimentare la pace mentale.

La mente prende delle abitudini, specialmente negative e inutili, e si fissa su di esse. Non è possibile cambiare tutte le abitudini soltanto in un paio d'anni: il loro potere è così forte che è necessario un grande sforzo per rimettere la mente sul binario giusto.

Amma racconta una storia che illustra quanto siano potenti le nostre abitudini. C'era un pover'uomo che si recò da un sannyasi e disse: "Sono un uomo molto povero. Per favore aiutami a diventare ricco." Il sannyasi lo benedì e gli parlò di una spiaggia dove si potevano trovare delle pietre preziose. "Puoi venderle e fare molto denaro", disse il sannyasi. "Il problema è che è difficile capire la differenza tra una gemma e una pietra ordinaria perché hanno lo stesso aspetto e sono sparse per tutta la spiaggia. Perciò devi stare attento. Le gemme sono calde al tatto; prendendole in mano ne sentirai il calore, e capirai che si tratta di pietre preziose." Immediatamente il pover'uomo andò alla spiaggia e cominciò a lavorare: raccolse una pietra dopo l'altra e le esaminò. Poi gli venne in mente che, se le avesse gettate a terra dopo averle scartate, si sarebbero mescolate con le altre pietre e non sarebbe stato capace di riconoscere quelle che aveva già analizzato, perciò cominciò a gettare nell'oceano tutte le pietre che prendeva in mano e che non emanavano calore.

Egli cercò lungo la spiaggia giorno dopo giorno: molti ne passarono prima che finalmente egli raccogliesse una pietra che sentì calda al tatto. Era contentissimo di essere infine riuscito a trovare una pietra preziosa. Nonostante ciò, dopo aver sentito che era calda, la gettò nell'oceano per la forza dell'abitudine! Questa storia dimostra quanto siamo dominati dalle nostre abitudini.

Ecco perché Amma afferma che dobbiamo coltivare buone abitudini: facendo così possiamo ridurre la forza delle nostre abitudini negative. È facile vincere e rimuovere un'abitudine quando perde la sua forza. All'inizio possiamo non amare la nuova abitudine positiva e ciò può richiedere uno sforzo extra, che però non dobbiamo abbandonare. Una volta cominciato a praticarla non ha importanza se ci piace oppure no: la pratica in se stessa ci darà forza. Questa è la ragione per cui Amma afferma: "Cercate di ripetere il vostro mantra, di leggere libri spirituali, di meditare, di ascoltare dei bhajan e di prendere parte ai satsang." Pratica spirituale non significa soltanto meditazione; possiamo scegliere. Tali attività ci aiutano a coltivare buone qualità e a concentrarci continuamente su Dio.

Magari faccio qualcosa che non è mi di nessuna utilità, ma continuo a farlo perché è diventata un'abitudine. Quando la gente non sapeva ancora che fumare sigarette può causare il cancro, il fumo era un'abitudine più comune. Ora su tutti i pacchetti di sigarette si trova l'avviso sanitario: "Fumare è dannoso alla salute", e grazie a ciò molte persone hanno smesso di fumare. Perfino chi era solito fumare molti pacchetti al giorno è stato in grado di smettere, perché ora è consapevole dei pericoli del fumo.

In modo simile, troveremo la forza di cambiare il nostro comportamento se diventiamo consapevoli del danno o della futilità di qualcosa che stiamo facendo.

Sette voti per una settimana

Fare un voto è una grande sfida nella vita – una sfida alla nostra inerzia, pigrizia e procrastinazione. Un voto è come una briglia per il cavallo ribelle e selvaggio della nostra mente. Se sappiamo tenere il cavallo sotto controllo, cavalcare non soltanto è divertente in sé, ma ci porta anche più velocemente a destinazione che camminare. D'altra parte, se montiamo un cavallo selvaggio senza le briglie, la cavalcata sarà terribile e finirà sicuramente in un disastro o perfino nella morte.

Ricordo un detto famoso: "Semina un pensiero, mieterai un'azione; semina un'azione, raccoglierai un'abitudine; semina un'abitudine, raccoglierai un carattere." Ogni routine ripetuta per un certo periodo diventa un'abitudine, le abitudini formano il nostro carattere e il carattere di una persona costituisce le fondamenta del suo successo nella vita. Tutti sappiamo che però è impossibile sviluppare le buone qualità tutte in una notte: l'unica soluzione pratica è quella di coltivare alcune buone qualità alla volta per un lungo periodo, così da farle diventare la nostra seconda natura. Proprio come un bagno quotidiano mantiene il corpo pulito e in buona salute, i voti ci aiutano a tenere pulita la nostra mente dalla sporcizia di gelosia, odio, rabbia, impazienza, ecc.

Proposti come l'ABC della vita spirituale, ecco sette voti che sono basati sugli insegnamenti di Amma e che possono essere messi in pratica uno alla volta, uno per ogni giorno della settimana. Non è importante l'ordine col quale li mettiamo in pratica: scegliete soltanto un giorno della settimana per ciascun voto. Come del latte puro versato in un recipiente sporco diventa acido, così la grazia di Dio, quando scende in una mente impura, non può portare benefici. Questi voti ci aiutano a purificare la nostra mente e a tenerla anche sotto controllo. La caratteristica di questi voti sta nel fatto che, mettendoli in pratica, non dovremo attendere a lungo prima di sperimentare il risultato ottenuto.

Prendete una ferma decisione di attuare un voto al giorno. Se per caso non potete rispettare un voto in un giorno particolare, cercate di mantenerlo nello stesso giorno la settimana successiva. Amma afferma: "Esercitarsi nelle buone qualità fa parte del culto. La spiritualità senza la pratica è come cercare di abitare nel progetto di una casa."

Voto per il primo giorno:

Riducete la collera. Tutti sanno che la collera è dannosa, eppure quanti di noi vivono secondo il voto: "Non mi arrabbierò più per tutta la vita"? Ciò può essere molto difficile. Per cominciare, se prendiamo la ferma decisione di controllare la nostra collera e la tendenza ad incolpare o parlar male degli altri per un giorno alla settimana, saremo in grado di farlo. Almeno per quel giorno creeremo una bella atmosfera nella nostra casa e nel nostro posto di lavoro.

Voto per il secondo giorno:

Aggiungete un sorriso. Non dovremo aspettare a lungo per ottenere delle belle risposte dagli altri se decidiamo di dire con un sorriso qualunque cosa abbiamo da dire – ancora, soltanto un giorno alla settimana, per cominciare. Anche quando la situazione richiede grida, rimproveri o brontolii, per quel giorno facciamolo con un sorriso – e presto vedremo crearsi un mondo differente. Aggrottare le sopracciglia invece di sorridere richiede la coordinazione di molti più muscoli facciali: per sorridere abbiamo bisogno soltanto di pochi muscoli e, inoltre, un sorriso aumenta il valore del nostro volto!

Voto per il terzo giorno:

Fate qualche pratica spirituale formale. Amma garantisce che nella casa in cui si cantano ogni giorno con devozione i mille nomi della Devi, la Madre Divina provvederà sempre per lo meno al minimo indispensabile di cibo e vestiario. Un principiante che trova troppo difficile il canto quotidiano dei mille nomi in sanscrito può cercare di passare almeno un'ora il fine settimana nel ricordo di Dio: ripetendo i mantra, facendo japa, una puja, meditazione, cantando dei bhajan, ecc.

Voto per il quarto giorno:
Non cedete ad una cattiva abitudine. Un fumatore abituale, o chi dipende da droga o alcool, può trovare difficile abbandonare completamente quella cattiva abitudine nonostante i suoi migliori sforzi. Cercate di astenervi da quel vizio il giovedì, per esempio, come obbedienza al Guru; il giovedì, infatti, è considerato il giorno del Guru. Lentamente, guadagnando maggior controllo sulla mente, diventerà più facile eliminare cattive abitudini molto radicate. E se invece siete già liberi da dipendenze come il fumo, l'alcool o l'uso di droghe, potete allenare la vostra mente ad astenersi da qualunque altro attaccamento per un solo giorno la settimana. Gli attaccamenti includono anche un cibo preferito o un programma televisivo. Amma afferma che la spiritualità è la capacità di fermare il flusso della mente in ogni momento, quando volete, come tirare il freno a mano di una nuova auto.

Voto per il quinto giorno:
Riducete il cibo. Quando riposate fisicamente, al corpo è consentito riposare, ma lo stomaco continuerà a lavorar sodo, digerendo il cibo che avete mangiato. Fare un solo pasto un giorno alla settimana darà riposo all'incessante lavoro del sistema digestivo, con benefici per la salute. In quel giorno bevete acqua a sufficienza. Gli ammalati a cui i medici consigliano di non digiunare non hanno bisogno di osservare questo voto. Potranno considerare di adottare una diversa austerità.

Voto per il sesto giorno:
Siate d'aiuto. Ci sono molte prospettive per un servizio disinteressato e se fate attenzione, potrete sempre trovare un'occasione

per servire gli altri. Se siete incapaci di trovare un modo di servire gli altri direttamente, potete condividere la vostra rendita con alcune organizzazioni impegnate nel servizio sociale. La migliore forma di servizio disinteressato è laddove nessuno (incluso il beneficiario) è consapevole di chi sta dando l'aiuto.

Voto per il settimo giorno:
Osservate il silenzio. Sebbene possa essere difficile mantenere un voto di assoluto silenzio per tutto un giorno, potete cominciare con un'ora dal momento in cui vi svegliate. La settimana seguente potrete cercare di aumentarlo a due ore o più, e lentamente arrivare all'intera giornata. Se le vostre responsabilità non vi consentono di osservare il silenzio per tutto il giorno, allora parlate soltanto quando è realmente necessario, non fate pettegolezzi né impegnatevi in conversazioni inutili. Amma afferma che parlare eccessivamente aumenta la turbolenza mentale, prosciuga l'energia e soffoca la voce sottile di Dio all'interno. Quando osserviamo il silenzio, sebbene i pensieri continuino a sorgere, conserviamo l'energia che ci servirà per concentrare la mente su Dio. Amma dice che i pensieri possono essere paragonati alle increspature sulla superficie di un bicchiere d'acqua: neanche un po' d'acqua va perduta nonostante la superficie sia agitata. Ma quando parliamo è come se l'acqua traboccasse o fosse versata.

Una volta al mese, riflettete sul progresso che state facendo, e sul progresso che volete ancora ottenere, e osservate se è ora di cambiare qualche voto. Amma afferma che ogni aspirante spirituale ha bisogno di coltivare pazienza, entusiasmo e fede ottimistica. Incoraggiate voi stessi a continuare a provare.

Tutto quello che Amma chiede è che abbandoniamo ai Suoi Piedi di loto le nostre abitudini negative e imperfezioni e, in cambio, prendiamo da Amma una o due delle Sue infinite qualità divine come Suo prasad. Questi voti sono la lampada che illuminerà il cammino durante il viaggio nella buia foresta dell'ignoranza, e eviterà anche agli altri di smarrirsi. Si possono seguire almeno alcuni di questi voti senza molta difficoltà.

Se saremo capaci di coltivare almeno una buona abitudine, sulla sua scia ne seguiranno molte altre. Quando una formica va da qualche parte, le altre le vanno dietro; allo stesso modo una buona abitudine è sufficiente affinché altre abitudini ne seguano l'esempio.

C'è un verso nella *Bhagavad Gita* nel quale il Signore Krishna afferma che nessuno sforzo compiuto sul sentiero spirituale va perduto, né può portare alcun danno. Anche solo un po' del dharma di coltivare buoni valori e buone abitudini nella nostra vita avrà un risultato benefico.

Dedicare le nostre azioni al Guru o a Dio

Se siamo in grado di sviluppare la forte convinzione che il nostro Guru è una cosa sola con Dio e che qualunque cosa ci consiglia è soltanto per il nostro beneficio, riusciremo a coltivare amore e dedizione per il nostro Guru. Gradualmente vorremo dedicarGli tutte le nostre azioni. Questo è il modo migliore di adorare Amma. È inutile chiedere se possiamo compiere un'azione negativa e dedicarla ad Amma: se amiamo Amma tanto da volerLe dedicare tutte le nostre azioni, sarà difficile per noi compiere una brutta azione qualsiasi. Naturalmente, lo stesso vale se dedichiamo tutte le azioni a Dio. Offrendo le nostre azioni al Guru o a Dio, possiamo cominciare a ridurre le nostre azioni negative fino ad eliminarle completamente. Dedicando con amore le nostre attività quotidiane ad Amma o a Dio, purificheremo ogni nostra azione.

Compiere il nostro dovere è sufficiente a portarci merito anche se non siamo capaci di dedicare tutte le nostre azioni a Dio. Infatti, le Scritture dichiarano che è meritorio compiere con sincerità il nostro dovere.

Il ruolo del Mahatma nel ristabilire l'armonia

Tutti i corpi viventi hanno un sistema immunitario che ostacola l'ingresso e l'insediamento di oggetti esterni nel corpo. Per esempio, se un insetto o della sporcizia entrano in un occhio, immediatamente sgorgano le lacrime, per spingere il corpo estraneo ai lati dell'occhio. Se del polline o del peperoncino in polvere ci irritano il naso, starnutiamo subito. Quando dei germi invadono il corpo, il sistema immunitario combatte per eliminarli. I Mahatma come Amma sono "il sistema immunitario" dell'umanità: proteggono il pianeta da infezioni come l'ingiustizia, il crimine, la violenza, la rabbia e l'odio. Amma afferma che i Mahatma sono come i pilastri di un edificio. I pilastri danno il vero sostegno all'edificio: allo stesso modo i Mahatma sostengono il Creato in molti modi con il loro amore incondizionato, la compassione e le vibrazioni pure.

Si può notare che la maggior parte degli dèi e delle dee della mitologia indù sono dotati di varie armi, e per questo molti occidentali sono stati spinti a pensare che queste divinità rappresentino delle forze dispotiche e spesso demoniache, e che le persone le venerino per paura e ignoranza. Non è così: le armi sono spesso simboliche. Per esempio, la spada di Kali rappresenta il potere del discernimento e il tridente le tre qualità di base: la serenità, l'attività e l'inerzia. Queste armi sono usate per distruggere l'ingiustizia. Avatar come Rama e Krishna cercarono sempre di trasformare i malvagi con la ragione, la diplomazia e la carità, e soltanto quando fallirono nei tre modi di approccio pacifico usarono la sola strada rimasta aperta per loro: punire o uccidere il trasgressore. Fare questo era loro dovere perché avevano la responsabilità di mantenere il dharma della nazione.

Mentre Rama e Krishna uccisero i colpevoli che rifiutarono di redimersi, Amma sta uccidendo le cattive attitudini in noi, sta ripulendo la nostra mente e quindi cambiando il nostro comportamento. Lo scopo di tutti gli Avatar è di ristabilire l'armonia nel mondo. I metodi che essi usano per realizzarlo differiscono a seconda dei costumi, dei sistemi e delle circostanze che prevalgono nel loro tempo. Non servirà starnutire se un corpo estraneo finisce in un occhio, e le lacrime non saranno d'aiuto se un insetto entra nel naso. A seconda della situazione prevalente, gli Avatar e i Mahatma adotteranno differenti strumenti e metodi per ristabilire il dharma.

L'arma di Amma

L'arma di Rama fu l'arco con le frecce, quella di Krishna un disco; Amma usa l'arma dell'Amore. Naturalmente anche Rama e Krishna erano incarnazioni dell'amo-re supremo, ma Rama era un re e Krishna consigliere e amico di sovrani: il loro dharma fu di levare le armi contro le forze contrarie al dharma stesso. Ma poiché Amma è venuta al mondo come la Madre Universale, la Sua arma principale è l'Amore.

Con infinito amore e pazienza, Amma siede con noi ora dopo ora, ascoltando i nostri problemi, consolandoci e dandoci la forza di cui abbiamo bisogno per affrontare le nostre sfide. È il potere dell'amore che fa sì che così tante persone vogliano unirsi all'armata del servizio disinteressato di Amma. Il potere dell'amore trascende nazionalità, religione, lingua, cultura – tutto. L'amore di Amma ci aiuta a trasformare e a rimuovere le nostre negatività.

Tutti noi amiamo il potere, ma non abbiamo il potere dell'amore poiché il nostro amore è egoistico. L'amore di Amma va oltre tutte le forme d'amore terreno. È il potere dell'amore di Amma che ci consente di dimenticare le nostre preoccupazioni. Amma scende al nostro livello, cantando con noi, danzando con noi, scherzando con noi e piangendo lacrime con noi, per aiutarci ad entrare in sintonia con Lei e ad innalzarci al Suo livello.

All'ashram, per alcuni anni c'è stata una persona matta. Nessuno voleva parlare con lui perché quello che diceva non aveva senso, ma quando veniva per il darshan Amma gli dedicava più tempo, chiedendogli cose come: "Sei felice, figlio mio? Mangi abbastanza?" Un giorno Amma gli chiese: "Perché sembri così triste?"

Egli rispose: "Non solo sono triste, sono arrabbiato con Te, Amma, perché non mi hai dato abbastanza attenzione l'ultima volta che sono venuto per il darshan!" Se fossimo stati nella Sua posizione, lo avremmo semplicemente ignorato. Ma Amma passò almeno dieci minuti spiegandogli quanto lui Le fosse caro e che era a causa della folla che non aveva potuto dargli abbastanza attenzione quel giorno. Dopo aver ascoltato le parole di Amma, egli si sentì molto felice.

Nei primi tempi dell'ashram, c'erano molti atei e attaccabrighe che insultavano e criticavano Amma. Essendo la vera incarnazione della pazienza e dell'amore, Ella sopportava questo cattivo trattamento senza essere disturbata in nessun modo e senza reagire. Tuttavia, quando i miscredenti maltrattavano qualcuno dei Suoi devoti, Ella era profondamente turbata. Amma spiega la Sua natura con l'aiuto di un paragone: "Se il tronco di un albero è scorticato, non importa – ma se lo è un ramo giovane, ciò ha un effetto sull'albero."

Ricordo una volta particolare in cui Amma stava dando il darshan in Krishna Bhava. Come sempre, un amabile e incantevole sorriso illuminava il Suo volto e i devoti erano immersi nella beatitudine della Sua divina presenza. Ad un certo momento, un devoto entrò nel tempio completamente sconvolto dopo essere stato duramente maltrattato da alcuni atei locali. Profondamente turbato e agitato, cadde ai piedi di Amma, singhiozzando in modo incontrollabile e chiedendo ad Amma di trovare un rimedio per la situazione. Immediatamente l'espressione del volto di Amma cambiò e divenne molto feroce: i Suoi occhi sembravano due sfere di ferro incandescenti che emettevano fulminanti fiammate di collera tutt'intorno.

Amma unì le Sue dita nel mudra della Devi e quella fu la prima volta che assunse l'aspetto feroce della Madre Divina. Soltanto dopo molte preghiere e canti di vari mantra ritrovò la calma.

Amma poi spiegò: "Vedendo l'angoscia di quel devoto, mi venne voglia di distruggere tutte le persone ingiuste che tormentano i devoti. L'aspetto feroce della Madre Divina si era manifestato spontaneamente per dare rifugio ai perseguitati."

Capitolo 12

Il potere dell'amore

L'amore dà soltanto

Ci sono molti tipi differenti di potere, ma la maggior parte di essi ha una portata limitata. Ci sono attività nelle quali è necessario il potere dei muscoli, per alzare un oggetto pesante ad esempio, o correre in una maratona. Tuttavia il valore di questo tipo di potere è limitato; ad esempio, la forza fisica di una persona è totalmente inutile per calmare un bambino che piange. Anche il potere del denaro è limitato: se siete in lutto perché una persona cara è morta, nessuna quantità di denaro potrà rimuovere il vostro dolore. Anche il potere politico ha i suoi limiti.

Ancora nessuno, però, ha scoperto i limiti del potere dell'amore. L'amore è il ponte che unisce l'umanità al Divino. Tutti noi sappiamo che Dio è illimitato e onnipotente e sappiamo anche che Dio è amore, dunque il potere dell'amore deve essere anch'esso senza limiti. L'amore si esprime nel dare, l'amore non prende nulla, l'amore è sempre alla ricerca di opportunità per donare.

L'amore trasforma

Amma afferma sempre che l'amore è il fondamento della vita. Dove c'è vero amore, vi saranno pochi problemi, e dove vi è meno amore, ci saranno più problemi. Tutte le difficoltà possono essere risolte con l'amore.

Possiamo pensare che questa prospettiva sia solo una pia illusione di una madre amorevole, e che non possa essere vero nella vita quotidiana. Se l'amore può risolvere tutti i problemi, perché allora su questa bella terra c'è tanto spargimento di sangue e violenza?

Di solito ricorriamo alla forza e alla violenza per raggiungere i nostri scopi perché non abbiamo abbastanza pazienza, comprensione e perseveranza. Se fossimo armati di puro amore e potessimo esprimere questo amore in ogni nostro pensiero, parola e azione, allora potremmo cancellare la macchia della guerra e della violenza dalla faccia della terra.

Nel discorso che ha tenuto al Summit del Millennio per la Pace nel Mondo, presso le Nazioni Unite, Amma ha detto: "Ciò che non può essere compiuto con la forza, la violenza e la guerra, può essere realizzato con l'amore."

Quello che Amma ha compiuto con il Suo amore si erge a miglior esempio della verità di quest'affermazione. Nonostante fosse trattata duramente da molti compaesani durante la Sua infanzia e adolescenza, Ella non reagì mai con odio o risentimento alle loro crudeltà. Proprio come un albero da frutto regala dolci frutti anche se gli si gettano contro delle pietre, Amma rispose all'ostilità e all'odio dei compaesani con i Suoi magnanimi progetti caritatevoli che ancor oggi continua a realizzare.

Quando Amma ritornò a casa dopo il Summit alle Nazioni Unite, ricevette un'accoglienza toccante dalle stesse persone che per tanti anni erano state ostili e piene di odio verso di Lei. Le medesime mani che una volta tiravano pietre contro Amma e commettevano tanti atti malvagi contro l'ashram, ora offrivano petali di fiori al Suo passaggio. Le stesse lingue che un tempo offendevano e cercavano di disonorare Amma, stavano ripetendo il mantra "Om Amriteswaryai Namah", che significa "Omaggio alla Madre Divina Amritanandamayi."

Amma impiegò quasi cinque ore per percorrere la distanza di otto miglia per raggiungere l'ashram attraverso la strada principale a causa della folla lungo la via. Tutte le famiglie avevano acceso lampade ad olio davanti alle loro case in segno di rispetto e reverenza e avevano aspettato ore sulle soglie per ricevere uno sguardo di Amma mentre passava. Non appena Ella raggiunse l'ashram cominciò a piovigginare: sembrava che Madre Natura stessa piangesse di gioia vedendo il grandioso cambiamento di attitudine negli abitanti del villaggio. Questo è il miracolo dell'amore e la vita di Amma è una serie ininterrotta di tali miracoli.

Amma infrange una regola dell'ashram

C'erano due ostacoli al mio diventare sannyasi: l'attaccamento ai miei genitori e l'amore per lo yogurt e il siero di latte. Ero molto affezionato ai miei genitori, e non avrei mai pensato che li avrei lasciati per stare in un ashram. Inoltre, ero abituato a mangiare yogurt e siero di latte ogni giorno durante i pasti, e non potevo nemmeno immaginare di gustare il cibo dell'ashram giorno dopo giorno senza questi ingredienti. A quel tempo, yogurt e siero di latte non venivano serviti all'ashram, e decisamente non ai brahmachari! Mangiare yogurt cremoso ogni giorno non è considerato favorevole al mantenimento del celibato e, inoltre, lo yogurt non era una parte abituale della dieta nell'area intorno all'ashram.

Tuttavia, nel mio caso, quando Amma mi chiese se mi sarebbe piaciuto restare all'ashram come brahmachari, risposi: "Va bene, se posso ancora avere yogurt e siero di latte come a casa mia."

Amma disse: "Non sarà un problema," e diede speciali istruzioni per procurarmi lo yogurt. L'amore di Amma non si preoccupa di rompere ruoli o regole per salvare un'anima. Ella sapeva molto bene che se io fossi rimasto fuori dell'atmosfera protettiva dell'ashram, le possibilità di essere catturato dagli illusori piaceri dei sensi sarebbero state notevoli.

Una volta mia madre mi scrisse una lettera insultando Amma e chiamandoLa pescivendola. Ciò mi fece arrabbiare molto: non potevo sopportare che Amma fosse criticata o insultata, poiché avevo sperimentato il Suo amore altruistico e la Sua gloria spirituale. Per rappresaglia, decisi che non avrei fatto visita ai miei genitori finché non si fossero scusati o avessero scritto qualcosa di buono su Amma.

Essi non fecero né l'una né l'altra cosa, invece ingaggiarono un sacerdote affinché eseguisse dei riti tantrici[8] allo scopo di farmi cambiare idea, abbandonare l'ashram e tornare a casa. Mi inviarono anche un talismano (un pendente) da mettere al collo. Il talismano era stato energizzato con la ripetizione di alcuni potenti mantra. Lo mandarono attraverso un mio parente che non avrebbe lasciato l'ashram finché non lo avessi messo al collo. Alla fine sottoposi il problema ad Amma che disse: "Anche se è potente abbastanza da agitarti e disturbarti, non ti preoccupare, indossalo, Amma ti proteggerà affinché non ti danneggi." Voleva che lo portassi solo per soddisfare i miei genitori e così me lo legai al collo. Anche se i miei genitori erano completamente contro Amma, Ella era piena d'amore nei loro confronti e non perse mai un'opportunità di compiacerli.

I miei genitori si aspettavano che cambiassi la mia decisione e che tornassi subito a casa, perché il sacerdote che aveva eseguito il rituale tantrico per farmi cambiare idea era molto famoso per essere un esperto in queste procedure. Furono sorpresi di vedere che non c'era alcun cambiamento nella mia attitudine e compresero che Amma doveva essere una persona più potente di quello che avevano pensato, giacché i rituali degli incantesimi del sacerdote non avevano avuto effetto con Lei.

---

[8] *Tantra* è un sistema di adorazione per ottenere le benedizioni di un più alto potere. E' posta importanza sui mudra piuttosto che sui mantra.

Col tempo, molti fatti li convinsero che Amma era tutt'uno con la Madre Divina che essi veneravano ogni giorno, e ciò portò una grande trasformazione nella loro vita e alla fine essi divennero devoti di Amma.

Non la quantità ma la qualità

Molti anni fa, una donna devota del Tamil Nadu venne da Amma per la prima volta e io feci da traduttore poiché parlo Tamil. Lei restò profondamente colpita dall'amore e dall'energia spirituale di Amma e prima di tornare a casa fece una generosa donazione all'ashram. A quel tempo eravamo in una pietosa situazione finanziaria, perciò questa fu veramente una grazia, una fortuna per l'ashram.

Un mese dopo, fece visita nuovamente all'ashram. Quando arrivò, Amma aveva già finito di dare il darshan ed era appena tornata nella Sua stanza. Quando vidi la donna, corsi nella stanza di Amma pensando: "Amma sarà molto colpita e scenderà immediatamente a parlare con quella signora, perché l'ultima volta che ha visitato l'ashram ha lasciato una grossa donazione." Bussai alla porta della stanza di Amma e la porta si aprì. Amma stava leggendo delle lettere di devoti. Mi chiese: "Cosa succede?" Dall'espressione del Suo volto, compresi che l'avevo contrariata. Esitavo a parlare, ma presi coraggio e dissi: "È arrivata la signora del Tamil Nadu che ha fatto una grossa donazione lo scorso mese."

Amma chiese: "E allora? Che cosa dovrei fare?"

Non sapevo cosa dire. Mormorai qualche parola e poi ritornai nella mia stanza: non andai neppure ad incontrare la signora. Dopo qualche tempo Amma uscì sul balcone della Sua stanza. Mi capitò di passare di lì per altre ragioni, così mi chiamò chiedendo: "Ci sono ancora dei devoti che vogliono vedermi?". Io

colsi immediatamente l'opportunità: "Sì, sì, Amma. La signora del Tamil Nadu sta aspettando."
"Smettila!" disse. "Non ti ho chiesto di lei. C'è qualcun altro che aspetta?"
Dissi ad Amma che avrei cercato di scoprirlo e andai a guardare. Vidi marito e moglie con i loro figli. Già a prima vista, potei capire che si trattava di una famiglia molto povera. I bambini avevano il naso che colava, le guance sporche e i capelli spettinati: chiunque li avrebbe presi per mendicanti. Accadde che, arrivati all'ashram, scoprirono che il darshan era finito e che non avrebbero potuto vedere Amma. Erano così sconvolti che cominciarono a piangere. Fu in quel momento che Amma mi mandò a vedere se qualcuno stava aspettando di vederLa.

Tornai immediatamente da Amma e dissi: "Amma, c'è una famiglia che aspetta. Sono venuti per incontrarTi ma, siccome Tu eri già andata via, non sono stati in grado di avere il Tuo darshan. Devono tornare a casa oggi perché gestiscono una piccolo chiosco del tè." Essi avevano chiuso il chiosco ed erano venuti all'ashram per vedere Amma e se non fossero tornati a casa entro sera, il giorno successivo non avrebbero potuto aprire il chiosco, che era il loro solo mezzo di sussistenza. Amma mi chiese di portarli subito nella Sua stanza. Ero sorpreso. Da una parte c'era quella ricca e generosa signora che stava aspettando di incontrare Amma, e Amma non voleva vederla, dall'altra, Amma stava chiamando questa povera famiglia nella Sua stanza! Ella parlò con loro e li consolò per quasi mezz'ora e diede loro il prasad.

Io non potei frenare la mia curiosità e chiesi: "Vorrei capire perché Ti sei comportata in questo modo oggi. Quella povera famiglia che hai incontrato non darà nessun aiuto all'ashram, mentre la ricca signora che sta aspettando di incontrarTi può essere d'aiuto all'ashram in molti modi."

Con un tono molto serio, immediatamente Amma rispose che stava svolgendo il suo lavoro senza aspettarSi nessun aiuto da nessuno, mentre era sempre pronta ad aiutare qualcuno che ne avesse bisogno. Disse: "Quella povera coppia viene all'ashram tutte le settimane. Gestiscono un piccolissimo chiosco del tè e sono appena in grado di sbarcare il lunario eppure qualunque cosa accada la accettano felicemente. Le loro sole entrate vengono dalla vendita di tè e spuntini del loro negozietto. Sono così poveri che possono acquistare il riso e il cibo quotidiano soltanto con i soldi che guadagnano giorno per giorno. Una volta la settimana, il marito e la moglie digiunano, per venire da Amma con il denaro che avrebbero speso per il cibo. La scorsa settimana, avevano un po' di rupie in più e le hanno offerte come donazione."

La ricca signora aveva dato una generosa elargizione, ma Amma non le aveva dato particolare attenzione. Paragonata a quella, la donazione della povera famiglia non era niente, ma considerando quanto fossero indigenti quelle persone, Amma affermò che la loro donazione era inestimabile.

Voglio far notare che più tardi Amma chiamò la ricca signora nella Sua stanza e passò un po' di tempo con lei.

Capitolo 13

La rinuncia

Il dono che Amma apprezza

Durante le celebrazioni del compleanno di Amma, alcuni anni fa, un gruppo di studenti del college venne con un grande pacco ben incartato e lo offrì ad Amma, come regalo di compleanno. Amma lo accettò sorridendo e dicendo: "Om Namah Shivaya".

Ella dichiarò: "Questo è un bel regalo, ma c'è un dono migliore che potete farMi". Erano ragazzi, e Amma sapeva che avevano il vizio di fumare. Dunque Ella disse: "Figli, innumerevoli persone soffrono in questo mondo, molti non hanno nemmeno il denaro per comprare un solo analgesico, per non parlare delle medicine. Se smetteste di fumare e risparmiaste il denaro, potreste usarlo per aiutare ogni anno almeno alcune di quelle persone sofferenti.

"Che cosa guadagnate fumando? Il fumo è solo dannoso per la vostra salute e vi rende schiavi di una cattiva abitudine. State mandando gli inviti alla malattia e alla cattiva salute e state pagando il premio assicurativo per una morte prematura. Oggi è perfino stampato su ogni pacchetto di sigarette: 'Il fumo nuoce gravemente alla salute. Il fumo può causare il cancro.' Nonostante ciò, molti sono incapaci di smettere di fumare e alcuni addirittura vedono nel fumo uno status symbol. Lo stato più desiderabile, reale e duraturo proviene da una mente vasta e non da queste abitudini dannose.

"Se smetterete, o almeno ridurrete il fumo, e userete il denaro risparmiato per aiutare i poveri, Amma lo considererà il miglior regalo che voi possiate farLe."

I ragazzi diventarono pensierosi per un po': erano ben consapevoli del potere della dipendenza dal fumo e di quanto difficile sia perdere il vizio, così dissero: "Proveremo, ma abbiamo bisogno delle Tue benedizioni e della Tua grazia."

Amma rispose: "Se non riuscite a smettere, allora portatemi tutti i mozziconi delle sigarette che avete fumato, il pensiero di darli ad Amma vi sarà di grande aiuto per non fumare." Amma li congedò con queste parole.

Alla vigilia del compleanno successivo, essi vennero con due pacchi sigillati avvolti in carta colorata, e insistettero affinché Amma li aprisse e guardasse subito il contenuto. Amma aprì la prima scatola, mentre gli studenti sorridevano radiosamente. "Questo è il regalo più caro che avreste potuto farMi", esclamò Amma con una sonora risata. Tutti si sporsero per guardare quel regalo così apprezzato da Amma. La scatola era vuota! Non c'era alcun mozzicone e ciò significava che nessuno di loro aveva fumato una sola sigaretta durante tutto l'anno, dal momento stesso in cui avevano promesso ad Amma che avrebbero cercato di smettere. Nella seconda scatola c'erano alcuni abiti, dei quaderni, penne e matite per gli studenti dell'orfanotrofio. Questi ragazzi avevano mantenuto con successo la promessa fatta ad Amma.

Anche noi possiamo cercare di fare ad Amma questo tipo di regalo: il dono della rinuncia e del sacrificio. Ella non vuole nessuna cosa materiale da noi, vuole solo che i Suoi figli aiutino i poveri e i sofferenti almeno in piccola misura, abbandonando alcune dipendenze e alcuni lussi. Il motto sull'emblema dell'ashram di Amma (*tyagenaike amritatwamanasuh*) significa: "Senza la rinuncia, la Verità non può essere realizzata." Esso fa parte di un inno tratto dalle Upanishad, che dice: "Non con l'azione, né per ereditarietà, né con la ricchezza o il denaro, ma solamente attraverso la rinuncia può essere raggiunta l'immortalità."

Il vero spirito di rinuncia

Quando parliamo di rinuncia pensiamo immediatamente che dobbiamo abbandonare la nostra famiglia, la nostra ricchezza, la casa e ogni altra proprietà e passare tutto il nostro tempo in meditazione. Non è così. Rinuncia significa lasciare l'attaccamento a ciò che ci appartiene. In Sanscrito questo attaccamento è chiamato *mamakara,* che indica "il senso di proprietà o mio". È il gemello di ahamkara (ego). Nella filosofia del Vedanta, il rompere il senso di limitazione imposto dal sentimento "dell'io e del mio" e dall'ego è chiamato liberazione o *moksha.*

Quando penso che questo pezzo di terra è mio, sto affermando che il resto della terra, il pianeta, non è in relazione con me. In questo modo sto imponendo una limitazione alla natura infinita del mio vero Sé. Allo stesso modo, quando penso di essere questo corpo, questa mente ed intelletto, io sto ammettendo solo un'immagine relativamente piccola di me, e dimenticando di essere tutt'uno con la Coscienza Onnipervadente.

Iniziare a mettere in pratica quest'attitudine universale immediatamente in tutte le sfere della vita sarà impossibile fino a quando l'ego rimarrà all'interno di noi. La via sicura e concreta per la liberazione consiste nel legare la nostra vita a quella di un Maestro che ha realizzato l'unità con il Sé. Proprio come una barca incatenata ad una nave può attraversare l'oceano senza sforzo da parte sua, anche noi possiamo raggiungere l'altra sponda di questo oceano di vita e morte, unendo la nostra vita a quella di un Maestro.

Siamo venuti in questo mondo da soli e nessuno verrà con noi quando lo lasceremo. Il nostro corpo, il luogo di nascita e i nostri genitori non sono stati scelti coscientemente da noi. Stando così le cose, possiamo essere anche pronti ad accettare che tutto ciò che consideriamo caro in questa vita, tutti i nostri parenti e amici, e tutte le nostre realizzazioni, siano anch'esse dono dell'Onnipotente. Amiamo e diamo valore a questi doni, ma quanto spesso ricordiamo Dio che ci ha dato tutte queste cose?

Quando comprenderemo che questa vita stessa è un dono di Dio, allora avremo un'attitudine di sincera riconoscenza verso Dio e verso il Creato, che è l'espressione di Dio. La presenza e la vita del Maestro c'insegnano questa verità. Il Maestro, che è tutt'uno con Dio, ci dona un punto focale da cui sviluppare il nostro amore e dedizione a Dio. Se abbiamo l'attitudine che qualunque cosa che viene a noi ci è data da Amma e che tutto ciò che perdiamo è una nostra offerta a Lei, allora avremo equanimità mentale in tutte le circostanze. Questa è la vera rinuncia.

Rinuncia non vuol necessariamente dire abbandonare tutto e andare in un ashram, o che non dovremmo amare i nostri figli o il coniuge. Possiamo vivere insieme alla nostra famiglia con uno spirito di distacco e svolgere ogni cosa come nostro dovere, ma nello stesso tempo abbiamo bisogno di ricordare che al momento della morte tutto questo svanirà. Dobbiamo essere preparati: questa è la vera disposizione mentale del rinunciante.

Janaka era un re molto famoso nell'antica India. Egli era un vero jnani, una persona che ha realizzato la Verità. Il re Janaka aveva un Guru, il cui nome era Yagnyavalkya. Sebbene Janaka fosse un re, partecipava alle lezioni sulle Scritture con molti altri discepoli di Yagnyavalkya. Il Guru amava molto re Janaka per la sua profonda spiritualità e gli aveva concesso certi privilegi: talvolta il Guru aspettava di cominciare la lezione se re Janaka non era ancora arrivato, ma, quando gli altri discepoli arrivavano tardi, non li aspettava; anzi, se re Janaka era in anticipo mentre gli altri discepoli non erano ancora arrivati, il Guru cominciava comunque

La rinuncia

immediatamente la lezione. Gli altri discepoli non capivano ed erano gelosi. Pensavano che il Guru fosse parziale perché Janaka era un ricco sovrano e conclusero che l'atteggiamento del Guru non era corretto. Alcuni discepoli maldicenti diffusero quest'idea anche tra gli altri, e tra gli studenti c'era una generale agitazione.

Tuttavia, comprendendo la loro attitudine mentale, Yagnyavalkya volle che vedessero l'errore delle loro conclusioni affrettate: con il suo grande potere spirituale creò l'illusione di un incendio. Nel bel mezzo della lezione, arrivò trafelato un messaggero dal palazzo di re Janaka e dopo aver avuto il permesso del Guru, diede a Janaka una lettera sussurrandogli qualcosa nell'orecchio. Gli altri discepoli lo videro e uno di loro che stava seduto vicino a Janaka sbirciò la missiva per scoprire di che cosa si trattava. Il Guru interruppe la lezione per un poco e chiuse gli occhi: quando li riaprì, soltanto Janaka era rimasto nell'aula. Tutti gli altri discepoli erano corsi fuori. Egli continuò la lezione per il solo Janaka che stava seduto calmo e tranquillo.

Dopo un po', i discepoli ritornarono e scoprirono che la lezione era già finita. Si arrabbiarono con il Guru e chiesero: "Perché avete finito la lezione così presto? Qui non c'era nessuno. Avreste dovuto aspettare che tornassimo."

Il guru rispose: "Janaka era qui." Essi si arrabbiarono ancora di più e dissero al Guru: "Non lo sa cos'è successo?"

"No, cos'è successo?", chiese il Guru innocentemente.

"Il palazzo reale è andato a fuoco", risposero.

Il Guru rispose: "E allora? Voi non vivete a palazzo, perché vi preoccupate?"

"I nostri abiti erano stesi ad asciugare vicino al muro di cinta del palazzo e rischiavano di bruciare. È stata davvero la grazia di Dio che ci ha permesso di arrivare in tempo!"

Il Guru si girò verso Janaka e chiese: "Non sapevi che il palazzo era in fiamme? Non è tuo dovere salvarlo? Che cosa stavi facendo qui seduto così tranquillo?"

Con grande umiltà, Janaka rispose: "Maestro, la vita è incerta. Chissà se farò il prossimo respiro? Prima che la morte porti via il corpo, si deve realizzare l'immortalità del Sé; poi si potrà salvare non solo se stessi ma l'intera umanità. Ai piedi di un grande Maestro come Voi, la realizzazione del Sé può avvenire in ogni momento. Soltanto un pazzo può perdere la preziosa opportunità di ascoltare gli insegnamenti del suo Guru per mettere in salvo cose che sono di natura fugace."

Per dimostrare ai suoi discepoli la grandezza di re Janaka, Yagnyavalkya disse loro: "Janaka è il sovrano dell'intero paese. Il palazzo è la sua casa e nonostante sapesse che aveva preso fuoco, non si è mosso da qui. Egli non è affatto attaccato ai beni di valore anche se ci vive in mezzo, mentre voi possedete solo pochi vestiti eppure siete così attaccati ad essi che cerchereste di salvarli anche a costo della realizzazione del Sé. Si può essere sannyasi ed essere ancora attaccati a piccole cose insignificanti come una ciotola per l'elemosina, un paio di sandali o un bastone da passeggio. D'altra parte ci sono persone che hanno molti figli e molte responsabilità e tuttavia ne sono totalmente distaccate. Questa attitudine mentale è la vera rinuncia."

Opportunità per mettere in pratica la rinuncia

Supponiamo di dormire otto ore per notte. Perché non ridurle di mezz'ora? Prendete l'impegno: "Da adesso in poi dormirò soltanto sette ore e mezza." Questa è rinuncia. Supponiamo di mangiare quattro volte al giorno. Possiamo decidere: "Mangerò soltanto tre volte al giorno, senza aumentare la quantità di cibo che consumo normalmente ad ogni pasto."

La rinuncia

La mente non vuol essere disciplinata. Una mente indisciplinata è generalmente agitata e tesa, altrimenti saremmo felici e in pace come Amma. Ogni volta che cerchiamo di imporci qualche disciplina, c'è una lotta interna ma non dobbiamo abbandonare lo sforzo. Se siamo capaci di disciplinare la mente, potremo realizzare Dio.

Molti di noi non hanno voglia di meditare a lungo; allo stesso modo può non piacerci fare yogasana per un lungo tempo, ma se persistiamo con disciplina in queste pratiche spirituali, stiamo indirettamente praticando la rinuncia. Se vogliamo alzarci dopo mezz'ora di meditazione, ma decidiamo con forte determinazione di restare seduti per 45 minuti, quella è rinuncia (rinuncia al nostro forte desiderio di alzarci dopo mezz'ora). Ci sono molte opportunità di praticare tali atti di rinuncia nella nostra vita quotidiana, e questo è il modo per disciplinare la mente.

Molte persone pensano che potranno rivolgersi alla spiritualità dopo aver guadagnato abbastanza denaro, ottenuto la posizione che vogliono e goduto di tutti i piaceri sensoriali che possono desiderare: solo allora considereranno la rinuncia. Ciò non accadrà mai. Anche se riusciremo ad iniziare a pregare e meditare da vecchi, la nostra mente e il corpo non ci ubbidiranno. Da anziani è molto più difficile controllare la mente, ridurre i pensieri e tenere fermo il corpo a lungo. Perciò è sempre meglio cominciare la nostra ricerca spirituale in giovane età – prima è meglio è.

Aspetti familiari della rinuncia

La rinuncia non è qualcosa di nuovo per noi; infatti la pratichiamo frequentemente nella nostra vita quotidiana, ma di solito soltanto per scopi egocentrici. Amma dà un esempio di questo tipo di rinuncia. Molte persone si lamentano che non hanno tempo per andare ai satsang, al tempio o in chiesa per il culto, ma possono aspettare per ore in ospedale se un loro figlio è ammalato. All'ospedale devono sopportare molti disagi, ma affrontano quest'espe-rienza senza lamentarsi. Questo è un tipo di rinuncia compiuta per il bene della famiglia.

Amma fa anche i seguenti esempi. Quando nei cinema in India vengono proiettati film popolari, si può vedere una lunga coda di persone che aspettano per molte ore sotto il sole cocente per acquistare i biglietti: esse non si preoccupano di tali sacrifici. La stessa cosa accade al campo di baseball: la gente è così desiderosa di avere il biglietto per assistere alla partita, che non dà peso se viene spinta dalla folla. Queste sono varie forme di rinuncia, ma non hanno un valore duraturo.

Il nostro presente tipo di rinuncia è come quello del ragazzino che sacrifica le sue biglie quando non gli interessano più. C'erano due fratelli: uno aveva cinque anni, l'altro otto, il più grande strappò tutte le biglie al fratello più giovane e si rifiutò di restituirgliele, indifferente alle sue grida. Ogni giorno litigavano per le biglie e ciò andò avanti per un po' di tempo.

Una mattina il fratello più grande raccolse tutte le biglie dal suo cassetto e le diede al più piccolo che non poté credere ai suoi occhi. Egli pensò che il fratello fosse impazzito, per quale altro motivo avrebbe dato via quelle preziose biglie? Forse era diventato generoso in una notte? La semplice spiegazione era che il padre aveva regalato una bicicletta al ragazzo più grande e lui non era più interessato alle biglie. Adesso che aveva qualcosa di molto meglio, le biglie non gli importavano più.

Molte persone non sono desiderose di praticare la rinuncia quando ciò vuol dire servire gli altri, fare pratiche spirituali, o abbandonare qualche attaccamento. L'unica volta in cui pratichiamo la rinuncia per un più alto scopo è quando andiamo a vedere Amma. In tutto il mondo, molte persone che normalmente non rinunciano al sonno, al cibo e ad altri agi, aspettano per ore

La rinuncia

durante i programmi del darshan di Amma, per sperimentare un po' del Suo amore divino. Quando siamo alla presenza di Amma, tutte le nostre piccole preoccupazioni o attaccamenti tendono a scomparire. Sfortunatamente, siamo incapaci di mantenere lo stesso spirito non appena ci allontaniamo da Amma.

La rinuncia richiede la determinazione a cambiare la direzione della nostra vita dal materiale allo spirituale: dobbiamo essere consapevoli della meta e impegnarci a raggiungerla.

La grandezza del vero sacrificio

Il grado della nostra rinuncia non dipende da quanto denaro diamo in beneficenza e nemmeno dal valore delle cose alle quali rinunciamo, ma dall'attitudine e dal contesto nel quale compiamo l'atto di rinuncia. C'è una storia avvincente nel *Mahabharata* che dà un esempio dell'essenza della rinuncia. Dopo la grande guerra, i Pandava effettuarono un imponente sacrificio durante il quale diedero in beneficenza mucche, gioielli d'oro, denaro e altri oggetti di valore. Il sacrificio durò molti giorni e furono distribuiti così tanti beni e ricchezze che tutti lo elogiarono come il più grande sacrificio mai compiuto. Sebbene i Pandava fossero virtuosi per natura, provarono un po' di orgoglio per la loro magnanimità.

Un giorno sul luogo del sacrificio arrivò una mangusta: era una strana mangusta per metà dorata e per metà marrone come una comune mangusta. Quando i Pandava videro questa strana mangusta, s'incuriosirono.

Con loro sorpresa, la mangusta cominciò a parlare con voce umana e disse: "I meriti del sacrificio che avete compiuto non sono neppure l'uno per cento dei meriti acquisiti dalla famiglia di un povero brahmino che diede in carità soltanto un boccone di cibo." I Pandava vollero saperne di più e le chiesero perché il suo corpo fosse per metà dorato. La mangusta rispose: "Molti anni fa c'era una famiglia di brahmini che viveva in un paese colpito dalla carestia e dalla siccità. Non pioveva da molti anni e tutti i campi erano inariditi, le riserve di cibo diminuivano e la gente cominciava a morire di fame. Ogni giorno morivano molte famiglie. Questa famiglia di brahmini era riuscita a risparmiare un po' di farina ma alla fine anche quella fu sul punto di finire. Decisero allora di digiunare per alcuni giorni e di usare la farina per fare un chapatti il giorno in cui avrebbero sentito che stavano per morire di fame, in modo da riuscire a sopravvivere qualche giorno ancora.

Digiunarono per molti giorni: alla fine arrivò il momento in cui sentirono che sarebbero morti se non avessero mangiato. In questa famiglia c'erano quattro persone: il marito e la moglie con il loro figlio e la nuora. Quel giorno decisero di fare il chapatti con il resto della farina e di dividerlo in quattro parti. Mentre stavano per mangiare, notarono un mendicante davanti alla loro casa. Egli disse: "Non mangio da giorni. Se non mi date qualcosa da mangiare, morirò proprio davanti a casa vostra." Il marito si sentì molto triste per lui e disse: "Sono pronto a dare via la mia porzione. Anche se morirò, non importa, almeno posso salvare te. Accetta la mia parte." Il padre diede la sua porzione di chapatti al mendicante, che la trangugiò in fretta.

Quando si è affamati, anche un poco di cibo aggrava la fame: questo è ciò che avvenne al mendicante. Egli era così affamato che disse: "Oh, morirò sicuramente se non me ne darete un altro pezzo."

La moglie allora disse: "Va bene, devo seguire mio marito, perciò lasciate che dia la mia parte" e diede la porzione al mendicante, ma la sua fame non si placò. Adesso era il turno del figlio. Anche lui diede la sua porzione, ma il mendicante aveva ancora fame.

La rinuncia

La moglie del figlio allora decise: "Ognuno ha dato la sua porzione, perché dovrei mangiare la mia? Darò anch'io la mia parte." La donò dunque al mendicante che la mangiò e si allontanò. Molto presto, l'intera famiglia morì di fame. Dopo la loro morte, mi capitò di andare in quella casa alla ricerca di cibo e trovai un po' di farina sparsa qua e là. Quando mi rotolai su quella farina, essa si attaccò su un lato del mio corpo e per la grandezza del sacrificio della famiglia, quel lato si tramutò in oro. Da quel giorno in poi, ho visitato tutti i luoghi dove la gente dona in beneficenza, ma non ho trovato nessun posto che possa trasformare in oro l'altra parte del mio corpo. Speravo moltissimo che rotolandomi in questo luogo sacro dove è stato compiuto un così grandioso sacrificio, anche l'altra parte del mio corpo si trasformasse in oro. Ahimè, le mie aspettative sono andate deluse."

La famiglia del brahmino non diede una grande quantità di denaro in beneficenza. Ogni membro diede solamente un pezzetto di chapatti, ma in quelle circostanze si trattava del più grande sacrificio che essi potessero fare. Qualunque siano la nostra posizione nella vita, l'ambiente o la situazione, se mettiamo in pratica la rinuncia lasciando qualcosa che ci è molto caro, qualche nostro attaccamento, allora quello sarà il più grande sacrificio.

Capitolo 14

La grazia di Dio

Il giusto sforzo arreca la grazia

La maggior parte delle persone ha molti obiettivi e ambizioni nella vita ma ciò non basta; per realizzarli, infatti, abbiamo anche bisogno di un programma concreto. Ci sono elementi che sono essenziali per raggiungere qualunque meta nella vita. Amma afferma: "Qualunque siano i nostri obiettivi e aspirazioni, per avere successo abbiamo bisogno di tre cose, e cioè del giusto tipo di sforzo, di fare lo sforzo al momento giusto e della grazia di Dio."

Lo sforzo, da solo, non può condurre ad un risultato positivo: deve essere anche presente la grazia di Dio. Ci sono molti altri fattori che influenzano il risultato, e molti di questi non sono sotto il nostro controllo. Per ottenere il risultato desiderato, tutti i fattori devono esserci favorevoli, ma non possiamo cambiare o influire su quelli che sono aldilà del nostro controllo: soltanto la grazia di Dio può rendere favorevoli quei fattori e trasformare i nostri sforzi in risultati positivi.

La grazia non è qualcosa che riceviamo dietro richiesta. Amma dice sempre che la grazia deve essere guadagnata, il che implica che ci deve essere qualche sforzo, che dobbiamo sforzarci sinceramente e attendere pazientemente la grazia.

È qui che Mahatma e Satguru giocano un ruolo vitale: la grazia che riceviamo da un Mahatma e Satguru come Amma non è diversa dalla grazia di Dio. Mahatma e Satguru sono incarnazioni dell'amore incondizionato e della compassione, e il loro solo scopo è di aiutarci ad emergere dai problemi e schiavitù del mondo e portarci a Dio, alla Verità.

Amma afferma che il periodo storico in cui tali Mahatma e grandi Maestri vivono nel mondo è come una fiera dei saldi. Durante certi periodi dell'anno, per esempio in prossimità di Natale, Dipavali e Ramadan, i vestiti, i mobili e altri articoli sono in vendita ad un prezzo ridotto, e se acquistiamo questa merce durante i saldi, la paghiamo meno che in altri momenti. Allo stesso modo, i periodi nei quali vivono i Mahatma possono essere paragonati alla stagione dello sconto della grazia. Per mezzo della loro grazia possiamo ottenere il risultato desiderato con uno sforzo minore di quello che sarebbe altrimenti richiesto. Questo beneficio è vero non solo per realizzare le nostre mete, ma anche per superare situazioni difficili.

La spiritualità non si limita soltanto allo stare seduti e meditare: include anche il modo col quale parliamo agli altri, come ci comportiamo con loro, ecc. Se non facciamo il giusto sforzo, pregare: "Dammi la grazia, dammi la grazia," non produrrà alcun risultato.

Amma racconta una storiella spiritosa sulla mancanza di sforzo. C'era un uomo povero che pregava Dio tutti i giorni. Un giorno gli balenò un'idea, pensò: "Voglio diventare ricco. Se Dio mi benedice, sicuramente sarò ricco velocemente, dunque, perché non pregare per questo?" Da quel momento in poi, egli pregò Dio: "O Signore, Ti prego fammi diventare ricco!" Dopo alcuni giorni, non notando nessun cambiamento nella sua situazione economica, pensò: "Forse dovrei chiedere di diventare ricco in un modo specifico." Nella sua città c'era una lotteria mensile. Dunque egli pregò: "O Signore, con la Tua grazia, fammi vincere il primo premio nella lotteria di questo mese!" Quando la lotteria fu estratta, però, non vinse neppure l'ultimo premio, per non parlare del primo. Era piuttosto deluso, ma pensò: "Il prossimo mese ci sarà un'altra estrazione, forse vincerò quella!"

Quando arrivò il momento dell'estrazione successiva, egli non vinse nulla. Stava diventando agitato, ma continuò a pregare. Passarono alcuni mesi e lui non aveva ancora vinto nessun premio. Un giorno si arrabbiò molto e cominciò a sgridare Dio: "Signore, perché non mi senti? Puoi rispondere alle mie semplici preghiere?"

All'improvviso, udì la voce di Dio: "Figlio Mio, certo che conosco i tuoi problemi e posso sentire le tue preghiere. Sono molto desideroso di aiutarti."

L'uomo si arrabbiò ancora di più: "E allora cos'è questo ritardo? Perché non mi fai vincere il primo premio della lotteria?"

Dio rispose: "Figlio mio, sto aspettando di aiutarti, ma che cosa posso fare se non compri neanche un biglietto della lotteria?"

Allo stesso modo, se noi continuiamo semplicemente a pregare: "O Signore, Ti prego dammi la Tua grazia," non funzionerà. Preghiamo sempre per la grazia, ma non sempre mettiamo lo sforzo positivo necessario. Senza la grazia di Dio il nostro sforzo non può portare frutti, ma senza il nostro sforzo, la grazia di Dio sarà ostacolata.

La grazia di Dio o la grazia del Guru possono anche mitigare il nostro karma negativo. Una volta, Amma e alcuni brahmachari andarono a tenere un programma a Kottayam, una città ad una certa distanza dall'ashram. Al ritorno, fecero visita ad una casa in un piccolo villaggio su richiesta dei devoti che vivevano là. Amma tenne una puja nella loro casa e poi passò del tempo conversando con la famiglia, che era felicissima della presenza di Amma nella sua casa. Ad un certo punto, Amma s'interiorizzò e la stanza divenne silenziosa. Improvvisamente, Ella si alzò e uscì dalla porta sul retro senza dire una parola. Erano già le tre o le quattro del mattino e fuori c'era un buio pesto. Il padrone di casa corse a portarLe una torcia per illuminaLe la via, ma nel frattempo Amma era già fuori che camminava nel boschetto di manghi del giardino sul retro. Non volendo disturbarLa, egli La seguì a breve distanza, dirigendo la luce ai Suoi piedi.

Amma ritornò in casa circa dieci minuti dopo e subito tutti si accorsero che Le sanguinava un alluce: doveva esserselo ferito mentre camminava al buio. La famiglia era molto turbata e fece tutto il possibile per pulire e fasciare adeguatamente la ferita. Poi i brahmachari riaccompagnarono Amma all'ashram.

Alcuni mesi dopo, questa famiglia venne all'ashram ad incontrare Amma. Raccontarono che il villaggio dove vivevano era stato saccheggiato: una banda di criminali era passata di casa in casa, derubando, picchiando selvaggiamente e perfino uccidendo alcune persone che avevano opposto resistenza. La casa di questa famiglia era stata derubata ma nessuno di loro era stato ferito. I membri della famiglia sapevano che dovevano alla grazia di Amma il fatto di non essere stati aggrediti ed erano venuti all'ashram per esprimerLe la loro gratitudine. Quando riferirono ad Amma quest'evento, La sentii commentare: "Io avevo già versato del sangue nella vostra casa, ecco perché nessuno è stato ferito." Amma non spiegò oltre, ma sentendoLa dire questo, compresi che in quella casa era destinato ad essere versato del sangue: ferendoSi il piede e perdendo sangue nella loro casa, Amma aveva protetto la famiglia dal danno che il destino aveva stabilito per loro.

Dall'egoismo all'altruismo

Arrivare da un Mahatma ha il meraviglioso vantaggio che i grandi Maestri riversano la Loro grazia su di noi senza prima chiederci nessun requisito, e ci aiutano a raggiungere la nostra meta con uno sforzo minore di quello che sarebbe altrimenti necessario.

Amma fa l'esempio di una barca a vela: se veleggiamo con un vento a favore, dobbiamo soltanto alzare la vela per farci spingere dal vento e il viaggio sarà veloce e facile: non abbiamo bisogno di remare con tutte le nostre forze, perché il vento spinge avanti la barca. Allo stesso modo, quando un Mahatma come Amma vive in mezzo a noi, la brezza della Sua grazia e compassione soffia costantemente, e noi dobbiamo solo alzare le nostre vele – aprire il nostro cuore – per ricevere la Sua grazia.

Amma dice che possiamo guadagnare questa grazia con la gentilezza e l'amore e il servizio altruistico agli altri. Infatti, le nostre azioni altruistiche aprono i cancelli affinché la grazia di Dio fluisca a noi, mentre le attività egoistiche ostacolano il fluire della grazia.

Naturalmente, noi ci sforziamo al massimo nei nostri progetti materiali – trovare un buon lavoro, fare soldi, raggiungere un alto status sociale – ma questi sforzi sono principalmente di natura egoistica. Non facciamo quasi mai qualcosa di altruistico, ma prendiamo incessantemente dalla natura e dalla società. L'armonia tra esseri umani, animali, piante e forze naturali è distrutta dal nostro egoismo, e questa è la sola nota dissonante nella grande sinfonia della vita sulla terra.

Coloro che prendono di continuo dal mondo hanno lo stile di vita più egoistico. Nella *Bhagavad Gita,* una tale persona è detta "ladro" dal Signore Krishna. L'egoismo di una persona è dannoso per la natura e per tutti, inclusa se stessa. L'egoismo equivale a continuare a mangiare rifiutandosi di andare di corpo, e perciò l'abbondanza di ricchezza può accorciare la vita di una persona tanto quanto una povertà estrema.

Bisogna dare agli altri e alla natura almeno un piccola quantità di aiuto, ma raramente ci preoccupiamo di fare qualche sforzo in questa direzione. Diciamo semplicemente: "Se ne prenderà cura Dio." Non vogliamo dare nulla di noi stessi, ma se non vogliamo donare agli altri, ostacoliamo il flusso della grazia di Dio verso di noi.

Amma afferma che se agiamo nel nostro interesse per ventiquattro ore al giorno, potremmo almeno cercare di passare un po' di tempo pregando per la pace e il benessere degli altri esseri: è sempre bene aiutare gli altri fisicamente, con i nostri talenti, finanziariamente, o in ogni altro modo.

Amma parla spesso dello sforzo e della grazia. La grazia di Dio è l'elemento più importante per ottenere i risultati dei nostri sforzi. Amma fa l'esempio di due candidati che si presentano ad un colloquio per un solo posto di lavoro: entrambi hanno la stessa qualifica ed entrambi rispondono correttamente alle domande. Quale dei due sarà scelto? Ne sarà scelto soltanto uno: quello che è in grado di conquistare la simpatia dell'intervistatore. Che cosa aiuta a generare questa considerazione nel cuore di un'altra persona? È soltanto la grazia di Dio. È per mezzo di questa grazia che talvolta vengono scelte delle persone che magari non sono andate del tutto bene in un colloquio, piuttosto di altre che hanno risposto correttamente a tutte le domande.

Negli incontri di cricket, vediamo spesso che quando un battitore sta per realizzare cento punti comincia a sentirsi nervoso. In quella situazione, a volte capita che ad un pessimo giocatore riesca una presa difficile mandata da un battitore, mentre altre volte succede che perfino a dei buoni giocatori sfugga una presa molto facile. Chi può spiegare perché ciò avvenga? Amma dice che è la grazia a rendere completi i nostri sforzi. Dobbiamo riconoscere che la grazia è un elemento di vitale importanza nella nostra vita.

Sapendo che abbiamo bisogno della grazia di Dio, è importante anche compiere le nostre azioni al momento giusto. Supponete di avere un figlio che vi è molto caro: non potete sopportare di vedere che piange o è triste. Poi, quando ha quattro o cinque anni, lo mandate alla scuola materna. Come sapete, la maggior parte dei bambini non vuole andare a scuola, molti piangono per diversi giorni finché non si abituano. Dunque, anche vostro figlio sta piangendo e voi siete davvero turbati perché non sopportate la vista delle sue lacrime. Ma nonostante ciò non pensate: "Forse è meglio aspettare fino a che non ha quindici anni. Allora saprà perché ha bisogno di andare a scuola e non piangerà." Sarebbe una saggia decisione? Posporre la scuola aiuterà vostro figlio in qualche modo? Nessuno aspetta che il figlio raggiunga la maturità per mandarlo alla scuola materna: lo mandiamo a scuola all'età di cinque o sei anni, che pianga o no, perché sappiamo per esperienza che la sofferenza che il bambino sta provando ora è soltanto per il suo bene, e che deve andare a scuola all'età giusta. Allo stesso modo nella nostra vita c'è un momento adatto per ogni sforzo che facciamo.

Se piantiamo dei semi fuori stagione, durante i monsoni per esempio, sarà difficile avere un buon raccolto, perché tutti i semi saranno lavati via dalle pesanti piogge. E poi, se la grazia di Dio è assente, non avremo il risultato desiderato anche se compiamo tutti gli sforzi richiesti al momento opportuno. Per esempio, possiamo seminare i semi al momento giusto, aver buona cura delle messi e aggiungere la giusta quantità di concime e acqua, ma se al tempo del raccolto avviene un'inondazione dovuta a un ciclone, tutti i nostri sforzi saranno sprecati. Dunque la grazia di Dio è il fattore più importante.

Maestri e Avatar

Qual è il momento migliore per invocare la grazia di Dio? Le Scritture dicono che è quando un Maestro realizzato vive tra noi. I Mahatma sono venuti al mondo spinti dalla loro traboccante compassione e con il solo intento di aiutarci.

C'è una storia che spiega perché gli Avatar vengono a questo mondo. C'era una volta un gruppo di persone in viaggio verso un'altra città, e che stavano attraversando una densa foresta. Sfortunatamente, il viaggio durò più del previsto: presto finirono il cibo. Per due o tre giorni continuarono a camminare senza mangiare e alla fine arrivarono ad un alto muro di cinta. Volevano sapere che cosa ci fosse al di là del muro, così uno di loro si arrampicò per vedere, mentre un altro lo aiutò a salire.

Quando guardò oltre il muro, esclamò: "O mio Dio!", e saltò dall'altra parte senza dire nulla agli altri, che stavano aspettando di sentire cosa aveva visto. Essi rimasero ad aspettare certi che sarebbe ritornato, ma ciò non accadde.

Mandarono una seconda persona. Anch'essa disse: "O mio Dio!" e saltò il muro senza più fare ritorno. Allora chiesero ad un terzo uomo di andare e tornare a raccontare che cosa succedeva dall'altra parte, supplicandolo di non fare come gli altri due. "Per favore, torna a dirci cosa c'è di là," gli dissero, e lo aiutarono a salire sul muro. Quando guardò oltre il muro, sorrise e disse: "Oh è incredibile! Meraviglioso! Aspettate!" Detto questo, saltò dall'altra parte ma, come gli altri prima di lui, non ritornò, pensando: "Che fretta c'è? Voglio godermi tutto ciò per un po'."

Quello che avevano trovato di là del muro erano magnifici alberi da frutto, un'incantevole primavera e del cibo meraviglioso. Erano così affamati che saltarono oltre il muro e si rimpinzarono al punto tale da non riuscire più a muoversi: come potevano scavalcare di nuovo il muro?

Prima di arrampicarsi, la quarta persona decise che sarebbe assolutamente ritornata, saltò, mangiò un poco, ritornò a raccontare agli altri del cibo delizioso e li aiutò a salire sul muro, così che poterono gioire anch'essi di quelle vivande.

Si dice che la beatitudine dell'intossicazione di Dio sia così grande che coloro che ne gioiscono non vogliano mai più ritornare al mondo, proprio come le prime tre persone che videro tutto il cibo e si saziarono senza voler più fare ritorno. Persone come Amma fanno un sankalpa: "Non M'immergerò completamente in quella beatitudine. Tornerò. Innumerevoli persone stanno soffrendo nel mondo e altre stanno cercando la Verità, devo aiutarle." Quando lasciano il corpo, creano un sankalpa per ritornare nel mondo col fine di aiutare altre persone e guidarle verso quella beatitudine. Amma ha detto molte volte che è pronta a incarnarsi innumerevoli volte per amore del Suoi figli.

Dobbiamo però ricordare un punto importante: noi siamo nati a causa del nostro karma, ma la nascita di un Avatar come Amma è dovuta soltanto alla Sua immensa compassione per noi.

C'è la storia di Dattan, il lebbroso menzionato precedentemente in questo libro, che veniva all'ashram nei primi tempi. Con la Sua compassione senza limiti, Amma era solita leccare le piaghe di Dattan durante il darshan del Devi Bhava: ciò era oltre la comprensione di ogni essere umano, nessuno potrebbe neppure immaginare di fare una cosa simile. Si dice che la saliva di un essere divino abbia un potere curativo ma, se avesse voluto, Amma avrebbe potuto applicare la Sua saliva sulle piaghe usando le dita, ma non lo fece. Invece leccò quelle ferite. Nessuno poteva neppure stare a guardare tanto era terribile a vedersi. In quelle occasioni alcune persone svenivano nel tempio e altri devoti uscivano quando Amma dava il darshan a Dattan. Molte persone non volevano il darshan di Amma dopo che Lei lo aveva dato a Dattan per paura di essere infettate dalla lebbra. Potete vedere questa scena registrata in uno dei video sulla vita di Amma. Probabilmente non avete mai sentito prima di qualcuno che lecchi le piaghe di un lebbroso, nemmeno nelle favole. Ma qui davanti a noi c'è un esempio vivente.

Quando chiesi ad Amma: "Come facevi a leccare le piaghe di Dattan? Non era disgustoso?", la risposta che Lei diede mi sbalordì.

Ella disse: "Era la spontanea espressione della mia compassione per lui." Poi Amma mi chiese: "Se avessi una ferita infetta sulla mano, che cosa faresti? Ti taglieresti la mano?"

Io dissi di no.

"Perché?" chiese Amma.

"Perché è la mia mano," dissi io. "Come potrei tagliarmi la mano? Cercherei di curarla."

Allora Amma disse: "Allo stesso modo, io non sono differente da quel lebbroso. Io sono lui. Lui è Me. In altre parole, Io sono in lui e lui è in Me."

Ecco perché si dice che i Mahatma hanno una coscienza cosmica o universale. Quando Amma disse che non era diversa da Dattan, il lebbroso, stava esprimendo la verità più alta. Una persona divina è definita come una persona che è capace di vedere il suo Sé in tutti, e tutti nel suo Sé. Ciò spiega perché Amma è in grado di essere così compassionevole e amorevole verso tutti gli esseri.

Un maestro è come la primavera

Quando un Maestro come Amma vive in mezzo a noi ed è così disponibile, è facile ricevere la Sua grazia con pochissimo sforzo. Amma afferma: "Se voi fate dieci passi verso di me, io sono pronta a farne cento verso di voi, ma voi dovete almeno fare quei dieci!"

Se otteniamo qualcosa senza alcuno sforzo, non saremo in grado di apprezzarne il valore: sarà sprecato come delle gemme date a dei bambini piccoli. Agli occhi di Amma, tutti sono uguali, e se noi facciamo uno sforzo sincero, riceveremo sicuramente la Sua grazia.

Le Scritture dicono, "*Brahmavid brahmaiva bhavati*", che significa: "Chi ha realizzato Brahman diviene Brahman." Questa è una delle più grandi affermazioni delle Upanishad. Ecco perché si dice che qualunque cosa si riceva da chi ha realizzato Dio proviene davvero da Dio.

D'altra parte, qualunque cosa venga da noi è il frutto delle nostre attrazioni e repulsioni, del nostro ego, ecc.; non possiamo rivendicare che venga da Dio. I Mahatma sono liberi dall'ego, non si considerano individui limitati, e sono incapaci di agire egoisticamente.

Attualmente noi non siamo in grado di farlo. Possiamo amare i nostri figli, ma non necessariamente quelli del vicino. Amiamo i membri della nostra famiglia, i nostri amici e i nostri connazionali, ma sarebbe difficile amare gli altri con la stessa passione e sincerità.

I Mahatma, invece, sono sempre in sintonia con la Coscienza Universale e possono vedere quella Coscienza in tutto. Ciò è perfettamente evidente nella vita di Amma e nelle Sue parole. Quando Amma dà il darshan, vediamo che non fa alcuna distinzione tra bello e brutto, ricco e povero, indiano e occidentale. Quando Ella vede una persona handicappata o sofferente, possiamo notare che esprime maggiore amore e compassione, ma non significa che Lei valuti queste persone più o meno delle altre; dimostra soltanto che Ella dà ad ogni persona quello di cui ha bisogno.

Il grande Adi Shankaracharya disse che tali Maestri sono come la primavera. In inverno, specialmente nelle regioni del nord, fa molto freddo, il sole tramonta presto, portando lunghe notti, gli alberi sembrano morti con tutte le loro foglie cadute e le persone tendono a stare in casa. Perfino gli uccelli non cantano molto. In alcune parti del mondo, l'inverno è così lungo che la gente diventa molto depressa. E poi, dopo l'inverno viene la primavera e ogni cosa rinasce: le piante cominciano a crescere e fiorire, gli alberi hanno foglie nuove e fresche e gli uccelli cominciano a cantare felici. La luce del giorno dura a lungo, la gente esce ed è più attiva, la sua depressione svanisce.

I grandi Maestri sono come la primavera: portano gioia agli altri con la loro presenza, grazia, amore e compassione incondizionati. Le persone che hanno passato del tempo con Amma possono perfettamente confermare. Con Amma non c'è mai un momento spento. Molte persone vengono da Amma con un cuore pesante, ma La lasciano con un sentimento di grande sollievo, appagamento e forza. Proprio come la freschezza è la natura dell'acqua e il calore quella del fuoco, un amore incondizionato e una compassione traboccante sono la natura degli esseri divini. Essi sono anche in grado di accendere il fuoco dell'amore e della compassione nel cuore delle persone con cui vengono a contatto. Fanno nascere sentimenti d'amore, gioia e allegria in chi è Loro vicino.

Arrivata da Amma, la maggior parte delle persone si sente rinascere, come se la sua vita fosse nuova di zecca. Coloro che sono venuti ad incontrare Amma, e hanno vissuto con Lei, possono sicuramente confermarlo. Essere in compagnia di Amma è una vera beatitudine, una rara fortuna. Anche se non abbiamo tutti i requisiti di un buon ricercatore spirituale, grazie alla Sua compassione riceviamo comunque più di quello che meritiamo.

Se Amma guardasse i nostri meriti prima di benedirci, molti di noi non riceverebbero le Sue benedizioni. Amma afferma che se escludesse qualcuno dal Suo amore e dalle Sue benedizioni, o rifiutasse quelli che non sono puri e buoni, ciò equivarrebbe a costruire un ospedale super specialistico ed esporre un'insegna che dice: "Non sono ammessi gli ammalati!"

Nonostante molti di noi abbiano sperimentato la grandezza di Amma numerose volte, tendiamo a giudicarLa e valutarLa secondo il nostro limitato livello intellettuale. Poiché Amma è in un corpo umano come noi, abbiamo una naturale tendenza a ritenerLa una persona comune. Possiamo leggere storie meravigliose ed episodi della Sua vita, ma non riusciamo a comprendere chi Ella sia realmente.

Amma afferma che un Mahatma è come un iceberg smisurato di cui è visibile soltanto la punta sopra la superficie dell'acqua. Vedendolo, una persona può pensare di aver visto e compreso la grandezza dell'iceberg, quando ha visto invece solo la più piccola frazione dell'enorme massa di ghiaccio sommersa sottacqua. Allo stesso modo, siamo in grado di percepire solo un'infinitesima parte della grandezza di Amma, poiché la maggior parte della Sua grandezza ci è nascosta.

Amma racconta una storia a tal proposito. C'era un topo nella foresta: un giorno il topo stava correndo freneticamente di qua e di là cercando qualcosa, quando arrivò ad uno stagno, dove un grande elefante stava facendo il bagno. Non appena vide l'elefante, il topo si fermò e gridò: "Ehi, elefante! Esci dall'acqua!" All'inizio l'elefante non prestò alcuna attenzione al topo, dopo tutto un elefante è un animale così grande e un topo una creatura talmente piccola che fece finta di non averlo udito, ma il topo era molto insistente. Cominciò a gridare: "Ehi, elefante! Esci dall'acqua!" Alla fine, riluttante, l'elefante uscì. Non appena l'elefante venne fuori dell'acqua, il topo gridò: "È sufficiente. Puoi tornare nell'acqua adesso!"

L'elefante era molto seccato. Con collera chiese al topo: "E allora perché mi hai chiesto di venir fuori?"

Il topo rispose: "Ho perduto il mio costume da bagno e volevo proprio vedere se lo indossavi tu!"

Il punto di questa storia è che noi non possiamo capire Amma più di quanto un elefante possa stare dentro il costume di un topo. La nostra capacità intellettuale non sarà mai sufficiente per

La grazia di Dio

capire quanto grande sia Amma o chi Lei sia. Non dovremmo sottovalutarLa solo perché ha un corpo umano ed è così umile: Amma non è confinata al corpo.

Alcuni anni fa un gruppo di devoti di Chennai fece visita all'ashram. Io stavo parlando con loro di Amma; molti devoti di quel gruppo si chiedevano come potesse dare il darshan a così tante persone ogni giorno e io dissi che, anche se Amma ha un corpo umano come noi, Ella è veramente al di là del corpo. Aggiunsi che usa il corpo soltanto per interagire con noi. Uno dei membri del gruppo non condivise questo punto, non era affatto convinto. Quando ebbe la possibilità di parlare con Amma, domandò: "È vero che i Mahatma sono oltre il corpo?" Amma sorrise e disse: "Si, è vero." Ma anche allora non sembrò convinto.

Un poco più tardi, il gruppo del Tamil Nadu e alcuni ashramiti erano seduti intorno ad Amma parlando con Lei. Improvvisamente quest'uomo esclamò: "Dov'è Amma? Cos'è successo ad Amma?"

Noi eravamo sorpresi perché vedevamo chiaramente Amma seduta proprio davanti a noi. Pensammo che quella persona fosse pazza. Gli chiedemmo: "Che cosa c'è? Di che cosa stai parlando?"

Egli non riuscì a parlare per un certo tempo e alla fine, pieno di stupore e meraviglia, cercò di spiegare che il corpo di Amma era scomparso all'improvviso davanti ai suoi occhi e al suo posto aveva visto una massa di luce brillante. La luce era diventata sempre più brillante, accecandolo. Alla fine la luce era svanita e la forma di Amma era riapparsa. Questa esperienza convinse quell'uomo scettico che Amma non è il corpo.

Questo è il momento giusto per intensificare i nostri sforzi e pregare e lavorare per la Sua grazia: dobbiamo cominciare le nostre pratiche spirituali adesso, senza sprecare il nostro tempo.

Ogni secondo che passa è perduto per sempre, e nessuna quantità di denaro o sforzo potrà riportarlo indietro.

Ho sentito una storia che evidenzia l'importanza di non posporre i nostri sforzi. Questa storia parla di Karna, un re che era ben conosciuto per la sua carità. Poiché era così generoso, non sapeva dire di no se una persona andava da lui a chiedergli qualcosa. Una notte un vecchio arrivò al palazzo di Karna, ma siccome in quel momento il re stava mangiando, le guardie gli impedirono di entrare. Il vecchio fu incrollabile e rifiutò di andarsene se non avesse avuto il permesso di incontrare il re. Disse: "Io conosco il re e se mi vede, mi darà certamente aiuto." Siccome non c'era modo di liberarsi del vecchio, una delle guardie andò da Karna e gli riferì la notizia.

Karna ordinò alla guardia di condurlo da lui immediatamente e ordinò ad un'altra guardia di portare dalla sua tesoreria qualunque cosa egli volesse. Quando la guardia tornò con gioielli di grande valore, Karna, che stava mangiando con la mano destra, li prese con la sinistra e li diede velocemente al vecchio. Alcuni ministri stavano mangiando con il re e quando videro Karna fare ciò si chiesero: "Perché il re si comporta in questo modo?"

Uno dei più anziani tra loro parlò: "Vostra Maestà, che cosa state facendo? Se fate la carità dovete usare la mano destra, in fondo questo vecchio è un brahmino."

In India c'è l'usanza di non usare la mano sinistra per fare cose buone; gli Indiani di regola usano solo la mano destra (anche se esistono dei mancini), in particolar modo quando offrono qualcosa a Dio o fanno la carità, specialmente a un brahmino. Karna disse ai ministri: "Sapete, la mente è scaltra, non so cosa penserà tra un momento. Adesso sento di doverlo aiutare, ma se aspetto un minuto per lavarmi le mani, la mente può cercare di ingannarmi suggerendo: 'Perché dovrei ospitare o aiutare questo vecchio a quest'ora insolita? Lascia che aspetti o che venga un altro giorno.' Così non devo posticipare, devo farlo adesso, perché il prossimo momento non è sotto il mio controllo. Posso esalare l'ultimo respiro, oppure può essere lui a morire, posso perdere la mia posizione di re o lui può cambiare idea e andarsene. Può accadere di tutto. Ecco perché gli ho dato immediatamente quelle cose."

Nello stesso modo, la mente non è sotto il nostro controllo; anziché farci ubbidire, siamo noi che ubbidiamo ad essa. Tutte le volte che pensate di fare una cosa buona, fatela subito; se la rinviate, potrebbe non accadere mai. Potete posporre le cose cattive, per quello non c'è problema. Amma racconta una storiella divertente a tal proposito.

C'era una scimmia molto intelligente che viveva su un grande albero vicino al tempio. Molti devoti venivano al tempio e dalla mattina alla sera essi sedevano sotto l'albero e digiunavano come parte del pellegrinaggio. Dopo aver osservato ciò per qualche tempo, la scimmia pensò: "Per compiacere Dio, tutti stanno seduti sotto questo albero senza mangiare; perché non posso farlo anch'io? Forse Dio mi benedirà e diventerò famosa come Hanuman (il dio scimmia), che perfino gli esseri umani adorano." Pensò questo per alcuni giorni e finalmente decise di cominciare il suo digiuno in un giorno propizio. La vigilia ricordò a se stessa: "Domani è giorno di digiuno, non dimenticarlo!"

Mentre la notte si avvicinava, la scimmia provò un po' di paura. Pensava: "Non ho mai digiunato in vita mia, sono solita mangiare molto frequentemente e domani digiunerò per tutto il giorno, forse mi sentirò molto stanca e piena di vertigini, forse non sarò in grado neppure di camminare. Sfortunatamente, non ci sono frutti su questo albero e per trovarne dovrei percorrere una grande distanza." Allora pensò: "Forse diventerò così debole durante il digiuno che non sarò capace di raggiungere gli alberi da frutto senza svenire dalla fame lungo il cammino.

Forse sarebbe meglio che restassi vicina agli alberi da frutto finché digiuno." Andò dunque a dormire sotto un albero che aveva molti frutti. Nel cuore della notte si svegliò con un sobbalzo: "Domani è il mio giorno di digiuno e alla fine sarò così stanca. Che cosa succederà se non sarò in grado di arrampicarmi sull'albero? Quest'albero è davvero alto e che ne sarà di me se cado mentre mi sto arrampicando per raccogliere un frutto? Potrei essere veramente stanca e debole dopo un intero giorno di digiuno. È meglio se mi arrampico e mi siedo su di un ramo, così non dovrò andare lontano per prendere qualche frutto."

Quando fu là, ricominciò a dormire ma si svegliò di nuovo di soprassalto: "Che cosa succederà se sarò incapace perfino di allungare il braccio? È meglio che prenda qualche frutto adesso e che lo tenga in grembo." Raccolse qualche frutto e lo mise in grembo, ma a quel punto la tentazione era troppo grande. Pensò: "È solo l'alba e stasera sarò così debole a causa del digiuno che potrei non essere in grado di infilare il frutto in bocca e masticarlo. Quanto sfortunata sarei a morire di fame con della frutta matura in grembo! Non c'è poi così tanta distanza dal grembo allo stomaco, allora è meglio che li conservi nel mio stomaco piuttosto che nel grembo. Forse posso digiunare il prossimo giorno di buon auspicio. Lasciamo che questo giorno passi come gli altri." Così dicendo inghiottì il frutto.

Inutile dirlo, non fu mai capace di digiunare.

Cerchiamo di non essere come la scimmia della storia. Siamo tutti fortunati ad avere Amma con noi. Facciamo ogni sforzo per progredire sul sentiero spirituale senza procrastinare. La presenza di Amma renderà rapidamente fruttuose le nostre pratiche. La Sua umiltà impedisce ad Amma di dire ad ognuno: "Io sono qui, e se farai anche solo un piccolo sforzo sul sentiero spirituale, ti darò dei risultati veloci." Invece Ella fa indirettamente un'allusione, dicendo: "Scavate un pozzo vicino ad un fiume e troverete in fretta l'acqua."

Capitolo 15

Purificare la mente

Sacrificio, carità e austerità

Le Scritture affermano che per purificare la mente e rendere fruttuosa la vita dobbiamo fare tre cose ogni giorno. Il Signore Krishna le classificò nella *Bhagavad Gita* come *yagna, danam* e *tapas*. La prima categoria è *yagna*, adorazione senza aspettative di guadagno personale. La seconda è *danam* (carità) e consiste nel donare le cose alle quali la nostra mente è più attaccata. La terza è *tapas* (austerità), vale a dire lo sforzo conscio e continuo verso la nostra elevazione spirituale. Il Signore Krishna dice anche che queste azioni devono essere compiute senza attaccamento ai risultati.

Yagna significa adorare o pregare Dio per pura gratitudine senza aspettarsi alcun favore: dopo tutto dobbiamo a Dio la nostra vita. Amma afferma che per esprimere la nostra gratitudine e ripagare il debito che abbiamo con Lui dobbiamo adorarLo in vari modi: recitando i 108 o 1000 nomi, ripetendo un mantra, meditando, cantando bhajan o leggendo testi sacri.

Inoltre può essere considerata *yagna*, ogni attività altruistica collettiva, sia di servizio sia di adorazione. Nei tempi antichi, i grandi sovrani e i saggi erano soliti condurre vari *yagna* nei quali davano in carità molte delle loro ricchezze e distribuivano la saggezza. Una moderna forma di *yagna* è la puja collettiva condotta da Amma.

Ogni attività di servizio comunitario presso un Maestro ci aiuta ad eliminare l'ego. Amma fa il pertinente esempio di pietre dai bordi affilati, messe insieme in una macchina e fatte ruotare velocemente. I loro bordi taglienti si smussano e le pietre diventano lisce e lucide. In modo simile, lavorare insieme in un ashram dà molte opportunità ai nostri ego individuali di sfregarsi gli uni contro gli altri ed essere modellati e lisciati attraverso tale processo. Ecco l'importanza di stare in un ashram e svolgere servizio in questo ambiente, specialmente alla presenza di un Maestro.

La seconda categoria è *danam* (carità). Potete aiutare gli altri finanziariamente, se avete i mezzi, per esempio aiutando qualche bambino che non può avere un'educazione per mancanza di denaro, o qualche orfano o persone bisognose. Amma afferma però che la carità non deve essere data esclusivamente sotto forma di denaro: se non potete offrire un aiuto finanziario, avrete forse qualche abilità o talento che può essere usato per aiutare gli altri. Se siete forti fisicamente, potete svolgere qualche servizio in un tempio, in una chiesa, in un ospedale o in una casa per anziani. Secondo le Scritture, la più alta forma di carità consiste nell'elargire la saggezza (*jnana danam*) perché essa resterà per sempre con chi la ha ricevuta: non è forse meglio insegnare alle persone come guadagnare il denaro, invece che semplicemente dargliene? Dunque la carità può prendere la forma delle nostre capacità, talenti, forza fisica, denaro o conoscenza.

Ciò che doniamo è molto importante e deve essere di qualche utilità per chi lo riceve. Offrire oggetti inutilizzabili in nome della carità non porta alcun merito al donatore. Anche l'attitudine con cui doniamo è molto importante. Le Scritture dicono: "Quando date qualcosa agli altri, dovete avere una determinata attitudine mentale. Per prima cosa, dovreste avere il desiderio di dare anche di più e senza aspettarvi niente in cambio. In secondo luogo, prestate attenzione a non diventare egocentrici od orgogliosi perché avete donato, ma fatelo con un sentimento di modestia, consci che il dono è insufficiente e che altri danno anche di più. Infine, donate con la consapevolezza che state donando al vostro stesso Sé, perché è un'unica coscienza che pervade ogni cosa."

Quale migliore esempio che l'arte di donare incarnata da Amma? Amma dice che vuole aiutare sempre più persone. Amma non è mai orgogliosa di quello che fa, perché per Lei noi siamo tutti Suoi figli – e una vera madre non si inorgoglisce nell'aiutare i suoi figli: è soltanto felice di farlo. Perciò in Amma vediamo l'attitudine più ideale che si deve avere nel dare.

Amma afferma che la carità è un modo per esprimere la nostra gratitudine a Dio: dobbiamo esserGli grati di darci delle opportunità per servirLo in vari modi e non sentirci orgogliosi dei nostri atti di carità. Se i nostri servizi non sono apprezzati o lodati, non dobbiamo pensare che le persone siano ingrate o non ci riconoscano un onore dovuto, perché quest'attitudine non ci aiuterà nella nostra crescita spirituale. La nostra intenzione deve essere soltanto quella di aiutare gli altri nei limiti del possibile, sia che ci siano riconoscenti o no.

La terza categoria è *tapas* (austerità). Nei tempi antichi, le persone affrontavano severe austerità, come stare in piedi su una gamba sola per ore o addirittura giorni, restare sotto la pioggia o il sole per molti giorni, sedere su un letto di spine o digiunare per lunghi periodi. Queste austerità erano compiute per ottenere poteri occulti, superare i limiti fisici, controllare la mente o avere la visione di Dio. Ai nostri giorni, queste *tapas* sono impensabili perché nessuno ha il temperamento per sostenerle. Anche semplici tipi di pratiche spirituali, come meditare regolarmente il mattino o la sera e ripetere i 1000 nomi della Madre Divina ogni giorno, sono un tipo di *tapas*, considerato il ritmo della vita moderna e la nostra dipendenza da così tanti oggetti e confort.

La parola *tapas* letteralmente vuol dire "creare calore". Possono essere chiamate tapas le pratiche spirituali che creano il calore dovuto alla frizione di forze opposte all'interno della mente.

Purificare la mente

Anche sforzarsi verso qualcosa di positivo è tapas. Coltivare buone abitudini – come il controllo della collera, la pazienza, il non giudicare né trovare difetti negli altri – comporta molta lotta interiore. Questo perché non siamo abituati a praticare queste qualità positive, e nello stesso tempo abbiamo permesso alle tendenze negative di prosperare e crescere quanto volevano. Vi sarà grande battaglia, ora che vogliamo eliminarle.

C'era una volta un uomo che aveva l'abitudine di bere il caffè alle sette del mattino prima della meditazione. Un giorno sua moglie pensò di avergli già portato il caffè e così si dedicò alle altre faccende domestiche. Il marito rimase ad aspettare il suo caffè piuttosto alterato; rimandò la meditazione e aspettò il caffè fino alle 7.30, poi le 8.00, poi le 8.30, ma sua moglie non glielo portò mai. Alla fine arrivò l'ora di andare in ufficio e perciò perse la meditazione. Invece di aspettare che sua moglie gli portasse il caffè, avrebbe potuto farselo da solo! E perché non meditare prima e bere il caffè dopo? Anziché aspettare l'arrivo del caffè, poteva cominciare la sua meditazione – ma in quel caso non avrebbe dovuto meditare sul caffè! Sono sicuro che fare qualcosa di diverso dal solito (aspettare che sua moglie lo servisse) sarebbe stata una vera e propria lotta. Aveva avuto una possibilità per praticare tapas ma l'aveva perduta.

Prendiamo ad esempio il fare una doccia al mattino presto. Se non abbiamo acqua calda, fare una doccia di mattina presto, specialmente d'inverno, è tapas e ci aiuterà a sentirci freschi e puliti. Ecco perché è una buona cosa fare una doccia prima della nostra meditazione del mattino o di altre pratiche spirituali. Sfortunatamente, a causa della nostra pigrizia e riluttanza ad alzarci presto, la mente troverà mille ragioni per evitare di fare la doccia.

Amma afferma che per fare tapas si può cominciare con semplici cose come spezzare l'abitudine di bere il caffè, creare quella di fare una doccia mattutina o aspettare di mangiare dopo aver letto il 15° capitolo della *Bhagavad Gita*. Le tapas sono un mezzo prezioso per addomesticare la nostra mente. Amma afferma che tutti noi dobbiamo praticare qualche tipo di tapas nella vita, anche se conduciamo vita di famiglia: tranquillizzare un bambino quando piange, e non sapete perché, è una forma di tapas.

Avrete sentito parlare della medicina ayurvedica: oltre ai medicinali veri e propri è anche molto importante la disciplina da seguire dopo averli presi; per ottenere i risultati desiderati, certi cibi devono essere evitati. Talvolta non ci piacciono le restrizioni dietetiche che il dottore ci prescrive, ma se vogliamo trarre beneficio dalla cura dobbiamo seguire i suoi consigli. Allo stesso modo è importante praticare discipline come il sacrificio, la carità e la penitenza, se vogliamo raccogliere il pieno beneficio delle nostre pratiche spirituali.

Il valore della pazienza

Alcuni anni fa, in Belgio, una donna venne ad incontrare Amma. Aveva molti problemi fisici e piangeva mentre aspettava il suo turno nella fila del darshan. Dopo il darshan, Amma le chiese di sedersi vicino a Lei. In quell'occasione facevo da traduttore per Amma e così, quando dopo un po' la donna decise di andare a casa, mi chiese di avere del prasad da Amma. Quando lo riferii ad Amma, però, sembrò che non mi avesse visto o sentito. Glielo chiesi una seconda volta, ma Amma non rispose. Alla fine, prendendo più coraggio dissi ad Amma una terza volta: "Amma questa signora vuole del prasad da Te." Amma mi rispose di far silenzio.

A quel punto, la signora era diventata molto impaziente, sembrava agitata e disse: "Swami, per favore mi dia il prasad, devo andare." Ma io non avevo il coraggio di chiederlo nuovamente ad Amma. La signora aspettò per qualche minuto ancora e poi se ne andò senza il prasad.

Dopo cinque minuti, Amma si girò verso di me e mi diede il prasad (in quel caso si trattava di cenere sacra) per la signora, ma io la informai che se n'era già andata. Amma disse: "Oh... questo avrebbe risolto i suoi problemi."

Mi rammaricai molto, perché se avesse aspettato appena cinque minuti in più, i suoi problemi si sarebbero potuti risolvere, ma era stata così impaziente. In presenza di un Maestro come Amma, l'impazienza e altre tendenze negative possono costarci care. Fortunatamente, la signora ritornò il giorno dopo per il Devi Bhava e immediatamente andai da lei e le dissi: " Non doveva andarsene così presto, cinque minuti dopo Amma mi ha dato il prasad. La prossima volta che viene, cerchi di essere paziente e passi più tempo con Amma." Così ricevette il prasad da Amma e quando la rincontrai l'anno successivo la sua salute era migliorata.

Dopo aver incontrato Amma ed essere stati in Sua presenza, molti di noi hanno una breve esperienza dello stato calmo e quieto che può raggiungere la mente. Ciò ci aiuta ad apprezzare il valore della realizzazione del Sé: siamo ispirati a superare le nostre attitudini negative pur di rimanere in quello stato pieno di pace. Sviluppando buone qualità come la pazienza, la tolleranza e l'indulgenza, la mente comincia a diventare calma e pura e questa purezza ci aiuterà ad avere profonde esperienze spirituali e infine ci preparerà per la realizzazione del Sé.

L'adorazione dei piedi del Guru

Proprio come le nuvole oscurano il sole, il nostro Sé è attualmente oscurato dall'ego e da altre negatività, ma Amma può purificarci perché è un depuratore di cuori. Quando offriamo il nostro sé, che è coperto dall'ego e dagli attaccamenti, esso passa attraverso "il depuratore Amma" e ritorna a noi puro come il Sé. Solitamente, quando le persone si prostrano davanti ad Amma,

Ella tocca la loro testa e li benedice: ciò significa che se offriamo qualcosa ai Suoi piedi di loto con amore e umiltà, tornerà a noi come benedizione. È un cerchio perfetto.

Molti lettori potranno chiedersi perché adoriamo i piedi del Guru, e perché non la testa? Non è forse la parte più importante del corpo?

Adorare i piedi del Guru simboleggia l'adorazione della conoscenza suprema e della Verità, poiché i Maestri sono stabili nella conoscenza del Sé, la Verità eterna: i loro piedi rappresentano le fondamenta su cui poggiano. Queste basi sono *Atma Jnana* o conoscenza del Sé e dunque, quando ci prostriamo ai piedi di Amma, stiamo simbolicamente venerando la conoscenza del Sé, la verità che sostiene l'intero creato.

Quando siamo davanti a tali grandi Maestri, diventiamo silenziosi perché proviamo timore reverenziale e ammirazione, e ci sentiamo del tutto insignificanti. È come trovarsi davanti alla grande catena montuosa dell'Hima-laya: siamo sopraffatti dalla vista dell'altitudine di quelle montagne e diventiamo umili e muti.

Prostrarci ai piedi del Maestro rappresenta la nostra umiltà e l'abbandono. Il vero spirito di umiltà e l'abban-dono possono creare la disposizione di mente necessaria per ricevere la grazia e gli insegnamenti del Guru. In cambio, il Guru ci modella a Sua somiglianza e in questo risiede la Sua grandezza. Nella vita mondana, nessuno desidera che un subordinato raggiunga uno status uguale al suo, ma un Maestro è diverso, il Maestro vuole che i Suoi discepoli ottengano il Suo stesso stato di Realizzazione del Sé, perché l'amore del Maestro è senza egoismo. L'amore del Maestro non si basa su delle condizioni o sulle qualifiche del discepolo, e nulla al mondo è paragonabile a quest'amore.

La gratitudine

Come devoti, siamo grati ad Amma: Ella ha cambiato radicalmente la nostra vita. La Sua influenza si estende dal modo in cui salutiamo gli amici e dalle nostre abitudini alimentari fino alla crescita emotiva e spirituale. Adesso quando ci incontriamo, non diciamo "Ciao" o " Salve", bensì "Om Namah Shivaya", che è una forma di saluto il cui importante significato è "M'inchino davanti a Colui che è l'Unico di buon Auspicio (in te)." Dire questo ci aiuta a vedere lo stesso Dio in ogni essere umano. In ogni aspetto della vita sentiamo la presenza di Amma, e le trasformazioni che Amma ha creato in noi. Possiamo anche non aver cambiato stile di vita, ma i nostri atteggiamenti e le prospettive sulla vita sono cambiati moltissimo. Soprattutto, Amma ci ha fatto intravedere il nostro Sé.

Sebbene Amma non si aspetti che Le siamo grati, sentire gratitudine verso di Lei ci aiuterà a sintonizzarci con Lei e a rimanere aperti alla Sua grazia e alle Sue benedizioni. Questa gratitudine significa essere consapevoli di ogni piccolo atto di gentilezza che riceviamo da Amma o dal mondo.

Quando proviamo sincera gratitudine verso qualcuno, l'ego sta diminuendo: si dice che la gratitudine è il mezzo per attrarre il favore della misericordia e del perdono di Dio.

Quando ci sentiamo grati verso qualcuno, non c'è bisogno di paragonare ciò che abbiamo fatto per quella persona con ciò che essa ha fatto per noi: una volta che abbiamo fatto qualcosa di buono, dimentichiamolo e ricordiamo soltanto le cose buone che altri hanno fatto per noi. L'ego può insinuarsi perfino mentre compiamo cose buone, perciò è necessario evitare di tenere il conto di quanto bene abbiamo fatto ed è ugualmente necessario non dimenticare quanto bene abbiamo ricevuto dagli altri. Lo scopo finale delle nostre pratiche spirituali è eliminare l'ego.

Ricordo la storia di un prete. Un giorno, ebbe una speciale esperienza e fu benedetto dalla grazia di Dio. Quella sera, mentre stava davanti all'altare, egli pregò Dio: "O Signore, ti sono profondamente grato, la Tua compassione e la Tua grazia sono così grandi e io non sono nulla, solo un'insignificante creatura in Tua presenza."

Mentre il prete stava pregando in questo modo, il vecchio custode udì le sue parole e cominciò a sua volta a pregare ad alta voce: "O Signore, non sono nulla, sono un'insignificante creatura alla quale hai donato la Tua compassione."

Quando il prete lo udì diventò molto contrariato e pensò: "Guarda, anche lui pensa di essere un nulla insignificante! Ha la presunzione di pensare di essere come me!"

L'ego è molto sottile: ci farà credere di essere la persona meno egocentrica del mondo. Quello che il prete provava non era gratitudine, ma soltanto la maschera dell'ego.

C'è una storia del ragazzo che cadde in un fiume senza saper nuotare. Pur lottando contro la forte corrente e cercando di far ritorno alla riva, non stava facendo alcun progresso e sembrava che stesse per affogare. Vedendolo in difficoltà, un uomo, che era un abile nuotatore, si lanciò nell'acqua e portò in salvo il ragazzo. Quando fu sano e salvo sulla riva, il ragazzo espresse la sua sincera gratitudine dicendo: "Grazie tante per avermi salvato la vita."

"Non devi ringraziarmi," rispose l'uomo. " Solo fai in modo che sia valsa la pena salvare la tua vita."

In modo simile, Amma non vuole i nostri ringraziamenti, ma piuttosto che esprimiamo la gratitudine verso di Lei con le nostre azioni, parole e pensieri: soltanto così possiamo ripagarLa in qualche modo per quello che sta facendo per noi e per ciò che ci sta donando.

Capitolo 16

Lo spazzino del mondo

Spazzare le nostre menti

Il 29 Agosto 2000, quando Amma lasciò la Sala dell'Assemblea Generale delle Nazioni Unite, dopo aver pronunciato il discorso principale al Summit del Millennio per la Pace nel Mondo, concesse ai media l'opportunità di porLe delle domande durante una conferenza stampa. Uno dei giornalisti Le chiese che cosa avrebbe fatto se fosse stata scelta come leader del mondo. Amma disse: "Io non voglio essere il capo del mondo, ma vorrei esserne lo spazzino. Vorrei spazzare e pulire la mente di tutti."

Possiamo pensare che la nostra mente sia pulita e che Amma debba spazzare soltanto la mente degli altri, ma solo quando affrontiamo circostanze difficili ci rendiamo conto della vera natura della nostra mente.

Amma racconta la storia di un uomo di grande successo che, insieme al denaro e alla fama, aveva anche molti nemici gelosi della sua fortunata posizione. Un giorno, mentre passeggiava, fu morso dal cane di un vicino ma poiché si trattava di un cane domestico, pensò che non ci fosse pericolo di rabbia e così non ricorse ad alcuna assistenza medica. Alcuni giorni dopo, si sentì male e andò dal dottore che gli disse: "È troppo tardi, il cane che l'ha morsa aveva la rabbia e la sua vita è in pericolo." Non appena udì queste parole, egli estrasse subito un blocco per gli appunti dalla sua valigetta porta documenti e cominciò a scrivere qualcosa. A quel punto il medico divenne apprensivo e pensò che non avrebbe dovuto dire all'uomo che la sua vita era in pericolo, ma che avrebbe dovuto consolarlo. "Forse sta scrivendo le sue ultime volontà," considerò. Per rincuorare il paziente, il medico disse: "Non si preoccupi, abbiamo le più recenti medicine e io cercherò di salvarle la vita. Non perda la speranza, non c'è bisogno che scriva adesso le sue ultime volontà."

L'uomo guardò il medico e disse: "Dottore, non sono così stupido da voler scrivere il mio testamento. Lei lo sa che quando si è morsi da un cane rabbioso, si può essere un portatore di questa malattia mortale?"

"Certo, e allora?", disse il dottore.

L'uomo continuò: "Sto facendo una lista delle persone che voglio mordere!"

Se siamo perfettamente puri, allora Amma non avrà bisogno di spazzare la nostra mente, ma la maggior parte di noi necessita del Suo umile servizio.

Il Maestro prevede il futuro

Quando arrivai all'ashram la prima volta, avevo i miei piani personali per il futuro: avere un lavoro d'alto livello, sposare una ricca e bella ragazza, costruire una grande casa, ecc. Durante un Devi Bhava di quei primi tempi, Amma mi additò mentre diceva ad un altro devoto: "Va a sederti vicino a quel brahmachari." Io fui sorpreso nell'udire Amma che parlava di me come di un brahmachari, dal momento che non mi sognavo affatto di diventarlo e pensai che, dopo tutto, Amma non fosse così onnisciente come la gente riteneva che fosse. Pensai che Amma si fosse sbagliata miseramente nella Sua predizione.

Poi, dopo tre anni, la banca dove lavoravo accettò la mia richiesta di essere trasferito nella mia città natale. In verità, la ragione per la quale ero venuto ad incontrare Amma la prima volta, era proprio per avere la Sua benedizione per un veloce trasferimento in quella città, ma dopo averlo ottenuto, compresi che quello che Amma aveva detto circa il mio diventare brahmachari, sarebbe potuto diventare realtà.

Dopo il trasferimento, ogni giorno trascorso in banca mi sembrava lungo come anni: compresi che non potevo lavorare lì, non ero capace di concentrarmi e commettevo molti errori nella contabilità, perciò i miei superiori si chiedevano cosa ci fosse che non andava in me. Io sentivo un grandissimo vuoto nella mia vita: lontano da Amma capii il potere del Suo amore incondizionato. Pensai che psicologicamente sarei crollato se non avessi visto subito Amma, e così lasciai la banca e la mia città e mi precipitai all'ashram senza neppure avvertire i miei superiori o presentare una richiesta di permesso.

Amma mi disse di ritornare al mio lavoro e di ottenere un trasferimento in una filiale della banca che si trovava vicino all'ashram, e ci vollero alcuni anni prima che Amma mi accordasse il permesso di lasciare il mio lavoro.

Infine tornai nuovamente all'ashram dopo aver ottenuto un trasferimento in una cittadina vicina all'ashram chiamata Karunagapally. Mentre lavoravo nella mia città natale, i miei genitori pensavano che avessi ritrovato la ragione e che presto avrei scordato definitivamente l'ashram e Amma, ma quando feci nuovamente domanda di trasferimento per tornare all'ashram, ne furono scioccati e sconvolti. Ancora una volta cominciarono a cercare un modo per riportarmi a casa.

Il mio nonno materno venne a trovarmi per tentarmi, promettendo, se fossi tornato, di comprarmi un'auto ultimo modello e una bella casa. In qualche modo riuscii a rimandarlo indietro, assicurandolo che gli ero molto grato per la generosa offerta e che ci avrei pensato sopra.

Dopo qualche mese ricevetti una lettera da casa che m'informava che mia madre era all'ospedale seriamente ammalata e che dovevo tornare immediatamente. Quando lessi quella lettera rimasi scosso e così la portai ad Amma e Le tradussi il contenuto. Amma ascoltò pazientemente ma non disse nulla, mentre io cominciavo ad agitarmi aspettando che mi desse una risposta definitiva. Dopo qualche tempo ricordai ancora una volta la lettera ad Amma che, con un tono leggermente seccato, mi disse di stare tranquillo. Io diventai ancora più agitato e irrequieto, e addirittura pensai che Amma avesse qualche intenzione egoistica: ecco perché non mi dava una risposta né mi mandava a casa.

Allora non avevo compreso che quando il Maestro non risponde ad una domanda, il discepolo deve lasciar cadere l'argomento senza fare un gran trambusto. Decisi di rifare la domanda ad Amma il giorno seguente, ma quando le chiesi una risposta riguardo alla lettera, Ella diventò molto seria e disse: "Ramakrishna, voglio dirti la verità, che ti piaccia o no. Non ho nulla da guadagnare a tenerti qui all'ashram, non fa alcuna differenza per Me, che tu rimanga o no."

"In primo luogo non penso che tua madre sia ammalata come credi: è semplicemente triste perché sei qui all'ashram. Andrà tutto bene, ma se torni a casa, potresti non ritornare più qui, e inoltre diminuirai le probabilità che i tuoi genitori hanno di rivolgersi alla spiritualità. Puoi decidere quello che vuoi fare, ti sto solo illustrando le conseguenze."

Questa è la bellezza dei Maestri: non ci forzano per nulla, sono pieni d'amore e l'amore non obbliga e non può essere violento. L'amore può essere soltanto delicato e gentile. Nella *Bhagavad Gita*, il Signore Krishna rivela ad Arjuna l'intera *Gita*, più di 700 versi, sul campo di battaglia. Dopo aver spiegato e risposto a tutte le domande di Arjuna e chiarito i suoi dubbi, Krishna dichiara: "Ti ho detto quello che avevo da dirti. Ora puoi fare quello che vuoi." (*Yadecchasi tadha kuru.*)

Lo spazzino del mondo

Dopo la risposta di Amma, decisi di non andare a casa, perché non volevo stare lontano da Lei, né essere la causa che avrebbe impedito ai miei genitori di giungere al sentiero spirituale. Come Amma aveva predetto, a casa ogni cosa si risolse bene: non c'erano seri problemi di salute per mia madre, ma i miei genitori diventarono ancora più scossi e arrabbiati perché avevo scelto di non tornare a casa nonostante mi fosse stato detto che mia madre era ammalata gravemente.

Alla fine presentarono una denuncia alla polizia nella quale si affermava che ero affetto da problemi mentali, che l'ashram mi stava trattenendo con la forza e mi sfruttava. Degli ufficiali di polizia furono inviati per indagare sulla denuncia. Vedendo un gruppo di poliziotti arrivare all'ashram, gli abitanti del villaggio si radunarono, sperando in qualche notizia scottante e sensazionale. Scoprii presto che la polizia era venuta all'ashram a cercare me. L'ufficiale in capo mi pose alcune domande e per concludere mi chiese di andare il giorno dopo alla stazione di polizia locale.

Alla stazione di polizia l'indagine fu condotta alla presenza di mio padre. Risposi a tutte le domande dell'uf-ficiale, con sua soddisfazione, e lo convinsi che risiedevo all'ashram per mia libera scelta e non costretto o forzato da qualcuno. Alla fine egli archiviò la denuncia, dicendo a mio padre che io ero a posto e spiegando che la polizia non poteva costringermi a lasciare l'ashram.

Ritornai all'ashram e spiegai tutto ad Amma. Ero dispiaciuto per mio padre, ma ero contemporaneamente arrabbiato con lui per aver creato una scenata portando la polizia all'ashram: gli abitanti locali avevano già cominciato a diffondere delle chiacchiere sull'argomento. Chiesi ad Amma di assicurarsi che mio padre non ripetesse la stessa cosa in futuro, ma Amma espresse solo amore per i miei genitori, senza essere per nulla arrabbiata con loro. Mi chiese di non essere adirato, e aggiunse che mio padre un giorno sarebbe venuto all'ashram diventando un devoto e che avrebbe esalato il suo ultimo respiro con i nomi divini sulle labbra.

Una volta ancora dubitai delle parole di Amma e non potevo immaginare mio padre che veniva all'ashram e diventava un devoto, perché lui e mia madre erano molto arrabbiati con Amma.

Dopo due anni, mio padre venne con degli altri parenti nella banca dove lavoravo e mi fece presentare alle autorità della banca un'altra domanda per essere trasferito di nuovo nella mia città natale. Poiché non volevo fare una scenata in banca mentre erano presenti tanti clienti, firmai la lettera pensando di cancellare la domanda di trasferimento non appena mio padre se ne fosse andato. Di conseguenza, quella sera, presentai un'altra lettera nella quale chiedevo di considerare annullata la richiesta precedente.

Tornai all'ashram e raccontai ad Amma quello che era successo alla banca. Ella dimostrò seri dubbi che le autorità avrebbero considerato la mia seconda lettera (la richiesta di cancellazione della mia domanda di trasferimento) e mi consigliò di inviare un'altra lettera per essere certo che la mia richiesta di trasferimento venisse cancellata. Io dissi ad Amma che non era necessario perché avevo già inviato una lettera simile e non volevo continuare a spedire lettera su lettera; pagai però molto presto il prezzo di aver preso alla leggera le parole di Amma e di non aver seguito le Sue istruzioni. Nel giro di qualche mese, arrivò il mio ordine di trasferimento e io avrei dovuto raggiungere la nuova filiale con effetto immediato: in qualche modo mio padre era riuscito ad ottenere un veloce ordine di trasferimento per me. Più tardi Amma mi disse che la mia lettera di richiesta di cancellazione del trasferimento non era arrivata alle autorità e che era per quello che Lei mi aveva suggerito di mandare un'altra lettera.

Ero di nuovo scosso e arrabbiato con mio padre, ma Amma disse che non aveva senso perché era solo colpa mia. Dovetti ammettere il mio errore, però ricordai ad Amma che mio padre

Lo spazzino del mondo

non era ancora venuto all'ashram e diventato Suo devoto come Lei aveva predetto qualche anno prima e che, se ciò fosse accaduto, questo problema non si sarebbe verificato. Amma rispose che sarebbe certamente venuto all'ashram e che dovevo avere pazienza. Io volevo dimettermi immediatamente dalla banca perché non desideravo andare nella nuova sede. Amma insistette invece che prendessi un lungo periodo di assenza e mi permise di licenziarmi soltanto dopo qualche tempo: finalmente il problema del trasferimento si concluse una volta per tutte.

Un giorno, con mia sorpresa, circa otto anni dopo che Amma aveva predetto che mio padre sarebbe venuto all'ashram, egli arrivò per incontrare Amma. Dopo il suo primo darshan cambiò completamente, cominciò a fare spesso visita all'ashram e fu iniziato da Amma con un mantra: quello che Amma aveva detto su di lui divenne realtà.

A proposito della conoscenza del futuro da parte di un Mahatma, Amma afferma: "Quello che un Mahatma dice può essere vero oppure no nel momento in cui parla, ma diventerà vero perché i Mahatma sono stabili nella Verità." Non solo i Mahatma dicono la verità, ma la verità segue le loro parole.

Un giorno mio padre venne all'ashram per aver la benedizione di Amma durante un Devi Bhava. Dopo il suo darshan si allontanò dal palco e si sedette in sala a ripetere i 108 Nomi. Mentre stava uscendo dal tempio fu colto da un capogiro e si sedette di nuovo. Chiese dell'acqua, la bevve e in pochi minuti esalò l'ultimo respiro senza alcuna difficoltà. Il devoto che gli diede l'acqua, più tardi mi disse che mio padre stava ripetendo il nome di Amma e teneva in mano il Suo prasad: quello che Amma aveva detto su di lui si realizzò alla lettera. In seguito Amma confermò che quando morì stava ripetendo il mantra di Amma e che non sarebbe dovuto rinascere un'altra volta perché si era fuso in Lei. Sebbene fossi addolorato quando seppi della sua morte, mi sentii felice che fosse accaduto mentre ripeteva il nome di Amma e che non sarebbe più rinato.

Dopo qualche anno anche mia madre venne all'ashram e ora è una delle residenti. Dice di essere molto felice di vivere con Amma e di non doversi preoccupare dei suoi figli, nipoti e altri membri della famiglia, perché sono tutti diventati devoti di Amma e sa che Lei si prenderà cura di loro.

La vita all'ashram

Si ritiene comunemente che non sia giusto intraprendere un sentiero spirituale finché si è giovani: si pensa che il cammino spirituale o la vita in un ashram dovrebbero essere adottati dopo la pensione o nell'ultimo stadio della vita, ma questo concetto è sbagliato. Le Scritture affermano che se si è distaccati dal mondo e si sente un'inclinazione spirituale, si può imboccare il sentiero spirituale anche in giovane età poiché, più importante dell'età, sono il distacco dagli oggetti e dai conseguimenti materiali e un intenso desiderio di conoscere la Verità. Dopo il pensionamento, una persona può essere fisicamente incapace di adattarsi ad uno stile di vita spirituale: a quell'età può essere troppo difficile sedere in una posizione corretta per meditare o trovare l'energia per servire gli altri.

Quando giovani uomini e donne decidono di unirsi all'ashram di Amma in India, spesso incontrano l'opposi-zione delle loro famiglie. Le famiglie sono generalmente molto più unite in India che in Occidente; infatti, mentre spesso nei paesi occidentali i giovani se ne vanno da casa a diciotto anni, in India i figli solitamente vivono con i loro genitori fino al matrimonio. Non è insolito vedere una persona di quarant'anni non sposata che vive in famiglia, e perfino dopo il matrimonio molte coppie continuano a vivere con i genitori del marito.

Lo spazzino del mondo

Una delle principali ragioni per cui i miei genitori non volevano che mi unissi all'ashram, a prescindere dal loro amore e attaccamento per me, era che ero il figlio maggiore. In India, per tradizione, è il figlio maggiore che divide con il padre le responsabilità della famiglia e generalmente è il figlio maggiore che esegue i riti funebri e i formali riti ancestrali quando il padre e la madre muoiono. Inoltre avevo due sorelle da sposare e i miei genitori temevano che nessuno avrebbe chiesto la loro mano sapendo che il figlio maggiore era diventato un monaco. Naturalmente, molte persone rispettano i monaci, ma non vogliono che qualche membro della famiglia diventi un monaco. Molti pensano che, se qualcuno si fa monaco da giovane, ci debba essere qualcosa che non va in lui o nella sua famiglia.

Prendiamo il caso di una persona sposata. Si prenderà cura di una famiglia di quattro o cinque membri, ma una persona che si unisce all'ashram può servire un cerchio più ampio di persone. Amma ci dà l'esempio della noce di cocco: può bastare per alcune persone se la usiamo per cucinare, ma se quello stesso cocco viene usato per far crescere una pianta, avremo molte noci di cocco che saranno utili ad un numero molto maggiore di persone. Da quelle noci di cocco possono crescere altri alberi di cocco, producendo quindi un raccolto più abbondante.

Quando uomini e donne raggiungono l'ashram per diventare brahmachari o brahmacharini, il loro amore si espande: l'esempio vivente di Amma li ispira a diventare sempre più altruisti. Stare in un ashram, specialmente con un grande Maestro come Amma, ha sicuramente un effetto positivo: le persone diventano disciplinate e coltivano molte buone qualità. Se i genitori sono davvero interessati alla felicità e al carattere dei loro figli, non devono scoraggiarli a unirsi all'ashram di Amma. L'ashram non insegna nulla di dannoso: in verità molti che vengono sono presto trasformati e cominciano a condurre una vita retta che altrimenti non avrebbero probabilmente portato avanti. In questo modo Amma mette sul binario giusto molte persone che avrebbero potuto essere un problema per i genitori o per la società.

Nel mio caso, poiché stavo all'ashram anziché ritornare in famiglia, i miei genitori vennero ad incontrare Amma e, anche se all'inizio erano tristi e turbati, il risultato fu che ne ricevettero decisamente molti benefici. Certamente non li avrebbero avuti se fossi tornato a casa a stare con loro.

Molte persone chiedono ai brahmachari se sia giusto andare a stare in un ashram senza prendersi cura dei genitori. Amma dice ai brahmachari: "Se non c'è nessuno che si occupi dei vostri genitori, l'ashram può assisterli. Portateli qui." Anche se figli adulti stanno coi genitori, quanti hanno un giusto riguardo per loro quando diventano vecchi, e specialmente dopo che i figli si sono sposati? In India, inoltre, molti figli adulti vanno a cercare lavoro all'estero e fanno visita ai loro genitori soltanto una volta ogni diversi anni, eppure i familiari non trovano nulla di sbagliato in questo.

Amma sa che, a causa del loro attaccamento ai figli e delle aspettative che hanno su di loro, i genitori non afferrano mai le ragioni per cui essi si uniscono all'ashram: non capiscono i potenziali benefici per i loro figli e per la società in generale. Alcuni sostengono che, unendosi all'ashram, i giovani non rispettano il dharma verso la loro famiglia e la società, ma queste persone trascurano il fatto che anche gli aspiranti spirituali hanno il loro dharma e che talvolta esso è più elevato o più importante di un altro dharma, poiché conduce ad una vita di servizio e di pratica spirituale che alla fine darà benefici al mondo.

Supponete che una persona sia nell'esercito e che improvvisamente scoppi una guerra; per quanto amore nutra verso la moglie e i figli, dovrà lasciarli e andare a combattere perché quello è il suo dharma, e se la situazione lo richiede dovrà anche perdere la vita. In una tale situazione, il suo dovere verso il paese è più importante dei doveri verso la sua famiglia. Quindi, secondo la situazione, un dharma diventa più importante di un altro.

Naturalmente la vita spirituale non è solo per brahmachari e brahmacharini. Vi sono anche molte persone sposate che vivono ad Amritapuri: mariti, mogli e figli dedicano la loro vita alle pratiche spirituali e al servizio al mondo. Ci sono inoltre altri che non sono in grado di vivere all'ashram a tempo pieno, ma che vi trascorrono più tempo possibile, e vi sono devoti di Amma in tutto il mondo, che servono Amma nelle loro comunità, attraverso gli ashram, i centri e i gruppi di satsang, cercando di trasformare ogni loro azione in un'adorazione di Amma. Per mezzo di donazioni e duro lavoro, quei figli di Amma che hanno famiglia aiutano a sostenere l'ashram e molte delle Sue attività caritatevoli. Amma afferma che talvolta sono proprio i Sui figli con famiglia, immersi nelle responsabilità del mondo e impossibilitati a passare molto tempo con Lei fisicamente, che gioiscono veramente della Sua presenza interiore, poiché il loro cuore è pieno di desiderio ardente e la loro mente dimora sempre in Lei.

La realizzazione del Sé può essere ottenuta sia da un brahmachari sia da una persona sposata, purché ci sia il sincero desiderio di raggiungere la meta e un Satguru come Amma come guida. In realtà, molti degli antichi santi e saggi avevano famiglia. Dovunque siamo, e qualunque cosa facciamo, sta a noi camminare lungo il filo del rasoio.

Un'opportunità benedetta

"Desidero che la mia vita sia come un bastoncino d'incenso che brucia se stesso donando profumo al mondo.
"Desidero esalare il mio ultimo respiro asciugando le lacrime di qualcuno e consolandolo sulla mia spalla."

– Amma

Amma vive la Sua vita, giorno e notte, per amore dei Suoi figli e vuole trascorrere il Suo tempo con noi e per noi. Durante i miei 25 anni con Amma, posso contare sulle dita il numero di giorni che non ha dato il darshan. Ella viaggia in tutto il mondo e non si prende mai una vacanza né si concede il lusso di un giro turistico o di un divertimento.

Amma dorme al massimo una o due ore a notte indipendentemente da dove si trovi nel mondo, spesso non dorme affatto. Quando non sta dando il darshan si occupa delle necessità della Sua sempre crescente catena di istituzioni benefiche, incontrando personalità ufficiali e altri dignitari governativi che cercano la Sua udienza, guidando ogni sera i Suoi figli nel canto dei bhajan e consigliando i più di 2000 ashramiti sui loro progressi spirituali e problemi personali. La sua giornata però non finisce neppure dopo tutto questo, perché Amma passa molto tempo ogni notte a leggere le lettere dei Suoi devoti. Quando a New York un giornalista chiese ad Amma il segreto del non sentirsi stanca anche dopo aver dato il darshan ai devoti per ore e ore, Amma disse: "Io sono connessa alla sorgente eterna dell'energia, non ad una batteria che perde la sua energia quando è usata."

Amma dice di voler alleviare il dolore e la sofferenza di tutti nel mondo ma poiché non è fisicamente possibile che Lei aiuti e consoli ogni persona del pianeta, Ella vuole che ciascuno di noi diventi le Sue mani, raggiungendo coloro che ne hanno bisogno.

Amma, in verità, vuole che ciascuno dei Suoi figli diventi un'altra Amma, diffondendo la luce dell'amore incondizionato e della compassione in tutto il mondo. Ella afferma di volere che cresciamo fino al punto in cui perfino il vento che tocca il nostro corpo sarà di beneficio per gli altri, e ogni momento della Sua vita è dedicato a questa meta.

Come figli di Amma, abbiamo la benedizione di essere Suoi contemporanei e di avere fede in Lei, ed è nostra responsabilità e gioia rendere questa fede sempre più forte in ogni modo possibile, ricordando costantemente le esperienze positive che noi e altri abbiamo avuto: ogni esperienza porta con sé un differente messaggio per la nostra vita.

La semplicità e l'umiltà di Amma nascondono la Sua grandezza: il Suo amore puro ci fa sentire così intimi e a nostro agio che La consideriamo una persona comune e solo una volta ogni tanto, come in un lampo di luce, ci ricordiamo della Sua gloria. In altri momenti dobbiamo contemplare e meditare sulla Sua divinità altrimenti il Suo amore materno, le attenzioni e la sollecitudine che ci dimostra possono facilmente fuorviarci. Noi abbiamo bisogno di quest'amore e affetto per la nostra crescita spirituale, ma se questi ci distraggono, c'è la possibilità di non capire più la Sua grandezza, proprio come fece Arjuna che a lungo considerò il Signore Krishna semplicemente come un amico. Ad occhi mondani, Amma sembra essere niente più che un amorevole essere umano, perché Ella usa quest'apparenza per dissimulare la Sua grandezza. Anche se si comporta come se non fosse consapevole di molte cose, Amma sa tutto e l'ha dimostrato in molte occasioni. In verità, è l'incarnazione di Parashakti, il Potere Supremo – la Madre Divina dell'Universo.

Cerchiamo di fare buon uso di questa splendida opportunità. Il progresso spirituale che otteniamo rimarrà sempre con noi, che raggiungiamo o meno la meta della realizzazione del Sé in questa vita, dato che nella prossima nascita riprenderemo da dove abbiamo interrotto, e non dovremo cominciare tutto daccapo. Ricordiamo dunque Amma con amore e desiderio e persistiamo nelle nostre pratiche spirituali con pazienza, entusiasmo e fede ottimistica. In questo modo, sia che siamo fisicamente vicini ad Amma sia che siamo lontani, possiamo sempre sentire la Sua presenza e alla fine fonderci nei Suoi piedi di loto.

Om Amriteswaryai Namah

Glossario

adharma: l'ingiustizia. Opposto di dharma.

adhi bhautikam: i disturbi che sperimentiamo provenienti dal mondo esterno.

adhi daivikam: i disturbi che provengono dalle forze naturali.

adhyatmikam: i disturbi che provengono dall'interno.

Advaita: la filosofia della non-dualità.

Ahamkara: l'ego o "il senso di un'esistenza separata dal resto dell'universo".

Arjuna: il terzo dei cinque fratelli Pandava. Grande arciere, uno degli eroi del Mahabharata. È ad Arjuna che Krishna si rivolge nella Bhagavad Gita.

Artta: persone che soffrono.

artharthi: le persone che cercano la ricchezza o la soddisfazione dei loro desideri.

asana: postura dell'Hatha yoga.

Atman: il Sé o Coscienza.

Atma jnana: la conoscenza del Sé.

Aum: anche "Om". Suono primordiale dell'Universo, secondo le Scritture vediche. Tutti gli altri suoni sorgono da Om e ritornano a Om.

Avadhut: un santo il cui comportamento non è conforme alle norme sociali.

Ayurveda: l'antica scienza medica indiana tradizionale.

Bhagavad Gita: "Canto del Signore": Bhagavad = del Signore; Gita = canto. Gli insegnamenti che il Signore Krishna diede ad Arjuna sul campo di battaglia di Kurukshetra all'inizio della Guerra del Mahabharata. È una guida pratica per la vita quotidiana e contiene l'essenza della saggezza vedica.

Bhagavatam: un libro che descrive le vite delle dieci Incarnazioni del Signore Vishnu, specialmente quella di Krishna e delle sue

marachelle infantili. Sostiene la supremazia della devozione come sentiero per raggiungere l'unione con Dio.
bhajan: canto devozionale.
bhakti: la devozione e l'amore spirituale.
bhava: stato d'animo o attitudine divina (vedi Devi Bhava).
bhiksha: elemosina.
Bhisma: il nonno dei Pandava e Kaurava. Sebbene durante la guerra di Mahabharata combattesse al fianco dei Kaurava, era un campione del dharma e simpatizzava per i vittoriosi Pandava. È il personaggio più importante del Mahabharata dopo Krishna.
bhoga: il godimento dei piaceri dei sensi.
brahmachari: un discepolo maschio celibe che pratica discipline spirituali ed è generalmente istruito da un Maestro. L'equivalente femminile è brahmacharini.
Brindavan: il luogo dove il Signore Krishna trascorse l'infanzia e dove si svolsero il Suoi lila (giochi divini).
chapatti: un pane rotondo e piatto simile alla piadina.
darshan: un'udienza o una visione di Dio o di un Santo.
Dipavali: il "Festival delle Luci", chiamato anche Diwali. Celebra soprattutto il ritorno di Rama ad Ayodhya, dopo quattordici anni di esilio, ma in altre parti dell'India è associato anche alla celebrazione di Lakshmi, Saraswati e Durga. Significa la vittoria della luce sulle tenebre.
Devi: la Madre Divina.
Devi Bhava: "lo stato d'animo della Devi". Lo stato in cui Amma rivela la Sua unità con la Madre Divina e la Sua identità con Lei.
Dharma: in sanscrito, dharma significa "ciò che sostiene (il Creato)". Più comunemente è usato per indicare ciò che è responsabile dell'armonia dell'universo. Altri significati includono: giustizia, dovere, responsabilità.

Gopi: le gopi erano mandriane e lattaie che vivevano a Brindavan. Erano le devote più vicine a Krishna ed erano conosciute per la loro estrema devozione al Signore. Rappresentano il più intenso amore per Dio.

Guha: il battelliere che traghettò Rama sul Gange.

Haridwar: città ai piedi dell'Himalaya, luogo di pellegrinaggio sacro.

Janaka: un Re dell'India antica, famoso perché, nonostante avesse realizzato il Sé, non trascurò mai il dovere terreno di governante del regno.

japa: ripetizione di un mantra.

jijnasu: una persona sinceramente interessata alla conoscenza, specialmente a quella della Verità o Dio.

jnana danam: dare conoscenza come beneficenza.

jnani: una persona che ha realizzato Dio o il Sé e che conosce la Verità.

Kalari: il piccolo tempio dove Amma era solita dare sia il Krishna sia il Devi Bhava nei primi tempi dell'ashram e dove si celebrano ancora puja quotidiane.

karma: azione o fatto. Anche la catena di effetti che producono le nostre azioni.

Karna: un re del Mahabharata, considerato uno dei più caritatevoli della storia.

Katha Upanishad: una delle principali Upanishad nella quale un giovane ragazzo viaggia per incontrare Yama, il Signore della Morte. Yama risponde alle domande del ragazzo riguardanti il Sé.

Kaurava: i 100 figli di Dhritharasthra e Gandhari, il maggiore dei quali era l'empio Duryodhana. I Kaurava erano nemici dei loro cugini, i virtuosi Pandava, contro cui combatterono nella Guerra del Mahabharata.

Krishna: la principale incarnazione di Vishnu. Egli nacque in una famiglia reale ma crebbe con genitori adottivi e visse a Brindavan come un giovane mandriano, amato e adorato dai Suoi devoti compagni, i gopa e le gopi (i pastori e le pastorelle). In seguito, Krishna divenne il sovrano di Dwaraka. Fu amico e consigliere dei Suoi cugini, specialmente di Arjuna, cui fece da auriga durante la Guerra del Mahabharata e al quale rivelò i Suoi insegnamenti conosciuti come la Bhagavad Gita.

lila: gioco divino.

Mahabharata: uno dei due grandi storici poemi epici dell'India insieme al Ramayana: è un vasto trattato sul dharma e sulla spiritualità. La storia narra soprattutto il conflitto tra i Pandava e i Kaurava e la grande Guerra a Kurukshetra. Contiene 100.000 versi ed è il più lungo poema epico del mondo, scritto circa nel 3.200 a.C. dal saggio Vyasa.

maitri: benevolenza verso tutti gli esseri.

Mamakara: attaccamento possessivo; il senso di proprietà, di "mio".

Mata Amritanandamayi Devi: il nome monastico ufficiale di Amma, il cui significato è "Madre di Beatitudine Immortale".

moksha: la liberazione spirituale finale.

mon: "figlio" in malayalam. Durante il darshan, Amma lo sussurra spesso nelle orecchie dei Suoi figli maschi. Mol significa "figlia".

Monte Kailash: situato nella catena dell'Himalaya, il Monte Kailash è uno dei luoghi di pellegrinaggio più sacri. Alcune Scritture lo indicano tradizionalmente come la dimora di Shiva.

mudra: gesti fisici con significato spirituale, spesso espressi con le mani.

Namadev: un ardente devoto del Signore che raggiunse le alte vette della realizzazione di Dio.

Om Amriteswaryai Namah: il mantra sacro per i devoti di Amma, il cui significato è "Omaggio alla Dea dell'Immortalità (Amma)".

Om Namah Shivaya: un potente mantra che significa "M'inchino all'Uno Eternamente di Buon Auspicio".

Pandava: i cinque fratelli – Yudhisthira, Bhima, Arjuna, Nakula e Sahadeva – figli del re Pandu e eroi del poema epico Mahabharata.

papadam: snack fritto, sottile, rotondo e croccante.

paramartika satta: la realtà assoluta.

Parashakti: il potere Supremo.

Parvati: la consorte del Signore Shiva.

Patanjali: un antico saggio indiano, meglio conosciuto per i suoi famosi Yoga Sutra.

prarabdha: i frutti delle azioni di vite precedenti che siamo costretti a sperimentare nella vita attuale.

prasad: offerta o dono proveniente da una persona santa o da un tempio. Spesso in forma di cibo.

pratabhasika satta: realtà apparente.

puja: adorazione ritualistica o cerimoniale.

Rama: l'eroe divino del poema epico Ramayana e incarnazione del Signore Vishnu. È considerato l'ideale del dharma e della virtù.

rishi: antichi veggenti o saggi realizzati che fecero l'esperienza della Verità Suprema ed espressero la loro visione attraverso la composizione dei più antichi e sacri testi indiani, i Veda.

sadhana: la pratica spirituale.

samadhi: l'unità con Dio. Uno stato trascendentale in cui si perde ogni senso di identità individuale.

Sanatana Dharma: "l'eterna via della vita". Il nome originale e tradizionale dell'Induismo.

sankalpa: risoluzione divina.

sannyasi: un monaco che ha preso voti formali di rinuncia (sannyasa). Tradizionalmente un sannyasi veste abiti color ocra, a simbolo del fuoco che consuma i desideri. L'equi-valente femminile è sannyasini.

Satguru: un maestro che ha realizzato il Sé.

Satsang: sat = verità, essere; sanga = associazione con. Essere in compagnia dei Mahatma, ma anche ascoltare discorsi o discussioni spirituali.

seva: il servizio disinteressato dedicato a Dio.

shanti: pace.

Sita: la santa consorte di Rama. In India è considerata l'ideale della femminilità.

Srimad Bhagavatam: vedi Bhagavatam. Srimad significa "di buon auspicio".

Sudama: pio brahmino e amico d'infanzia di Krishna.

Sudhamani: il nome di nascita di Amma. Significa "Gioiello di nettare".

tabla: un piccolo strumento a percussione indiano.

tantra: un sistema di adorazione per ottenere le benedizioni di un potere elevato. Dà maggiore importanza ai mudra rispetto ai mantra.

tapas: austerità, penitenze.

Templi Brahmasthanam: sorti dall'intuizione divina di Amma, questi templi unici sono i primi a mostrare più divinità in una singola icona a quattro facce rappresentanti Ganesha, Shiva, Devi e Rahu, per sottolineare l'unità alla base dei molti aspetti del Divino. Vi sono sedici templi simili in tutta l'India e uno alle Mauritius.

Tiruvannamalai: la città ai piedi della sacra collina di Arunachala, che si trova nello stato Indiano del Sud del Tamil Nadu, dove visse il famoso santo Ramana Maharshi.

Glossario

Tulsidas: poeta e santo Indiano, ben conosciuto per il Ramayana, una sua composizione in Hindi.

udarah: nobile.

Upanishad: la parte conclusiva dei Veda che tratta la filosofia del non-dualismo.

vasana: tendenze latenti o desideri sottili all'interno della mente, che si manifestano come azioni ed abitudini.

vedico: aggettivo che si riferisce agli antichi Veda.

vyavaharika satta: la realtà relativa.

yagna: l'adorazione senza aspettativa di un guadagno personale.

Yagnyavalkya: il grande saggio che rappresenta il principale insegnante nei Veda e nelle Upanishad. Fu il Guru di re Janaka.

Yashoda: la madre adottiva di Krishna.

yoga: "unire". Unione con l'Essere Supremo. Termine ampio che si riferisce anche ai vari metodi pratici con i quali si può ottenere l'unità col Divino. Un sentiero che conduce alla realizzazione del Sé.

Yogi: colui che ha raggiunto lo stadio finale dello Yoga.

www.ingramcontent.com/pod-product-compliance
Lightning Source LLC
LaVergne TN
LVHW050044090426
835510LV00043B/2877